O GEN | Grupo Editorial Nacional reúne as editoras Guanabara Koogan, Santos, Roca, AC Farmacêutica, Forense, Método, LTC, E.P.U. e Forense Universitária, que publicam nas áreas científica, técnica e profissional.

Essas empresas, respeitadas no mercado editorial, construíram catálogos inigualáveis, com obras que têm sido decisivas na formação acadêmica e no aperfeiçoamento de várias gerações de profissionais e de estudantes de Administração, Direito, Enfermagem, Engenharia, Fisioterapia, Medicina, Odontologia, Educação Física e muitas outras ciências, tendo se tornado sinônimo de seriedade e respeito.

Nossa missão é prover o melhor conteúdo científico e distribuí-lo de maneira flexível e conveniente, a preços justos, gerando benefícios e servindo a autores, docentes, livreiros, funcionários, colaboradores e acionistas.

Nosso comportamento ético incondicional e nossa responsabilidade social e ambiental são reforçados pela natureza educacional de nossa atividade, sem comprometer o crescimento contínuo e a rentabilidade do grupo.

JUDITH REVEL
Pesquisadora na Universidade de Paris I

Dicionário Foucault

Tradução de
Anderson Alexandre da Silva

Revisão Técnica
Michel Jean Maurice Vincent

Rio de Janeiro

- A EDITORA FORENSE se responsabiliza pelos vícios do produto no que concerne à sua edição, aí compreendidas a impressão e a apresentação, a fim de possibilitar ao consumidor bem manuseá-lo e lê-lo. Os vícios relacionados à atualização da obra, aos conceitos doutrinários, às concepções ideológicas e referências indevidas são de responsabilidade do autor e/ou atualizador.

  As reclamações devem ser feitas até noventa dias a partir da compra e venda com nota fiscal (interpretação do art. 26 da Lei n. 8.078, de 11.09.1990).

- Traduzido de:
  DICTIONNAIRE FOUCAULT – published by Ellipses – Copyright 2007, Édition Marketing S.A.
  ISBN: 978-2-7298-3093-9
  All rights reserved.

- **Dicionário Foucault**
  ISBN 978-85-309-3527-6
  Direitos exclusivos para o Brasil na língua portuguesa
  Copyright © 2011 by
  FORENSE UNIVERSITÁRIA um selo da EDITORA FORENSE LTDA.
  Uma editora integrante do GEN | Grupo Editorial Nacional
  Travessa do Ouvidor, 11 – 6º andar – 20040-040 – Rio de Janeiro – RJ
  Tel.: (0XX21) 3543-0770 – Fax: (0XX21) 3543-0896
  bilacpinto@grupogen.com.br | www.grupogen.com.br

- O titular cuja obra seja fraudulentamente reproduzida, divulgada ou de qualquer forma utilizada poderá requerer a apreensão dos exemplares reproduzidos ou a suspensão da divulgação, sem prejuízo da indenização cabível (art. 102 da Lei n. 9.610, de 19.02.1998).
  Quem vender, expuser à venda, ocultar, adquirir, distribuir, tiver em depósito ou utilizar obra ou fonograma reproduzidos com fraude, com a finalidade de vender, obter ganho, vantagem, proveito, lucro direto ou indireto, para si ou para outrem, será solidariamente responsável com o contrafator, nos termos dos artigos precedentes, respondendo como contrafatores o importador e o distribuidor em caso de reprodução no exterior (art. 104 da Lei n. 9.610/98).

  1ª edição – 2011
  Tradução de
  Anderson Alexandre da Silva
  Revisão Técnica
  Michel Jean Maurice Vincent

- CIP – Brasil. Catalogação-na-fonte.
  Sindicato Nacional dos Editores de Livros, RJ.

  R349d

  Revel, Judith, 1966-
  Dicionário Foucault/Judith Revel; tradução de Anderson Alexandre da Silva; revisão técnica Michel Jean Maurice Vincent. – Rio de Janeiro: Forense Universitária, 2011.

  202p.

  Tradução de: Dictionnaire Foucault
  Inclui bibliografia
  ISBN 978-85-309-3527-6

  1. Foucault, Michel, 1926-1984 - Linguagem - Glossários, etc. I. Título.

  11-3380   CDD: 194
  CDU: 1(44)

Índice Sistemático

Introdução	1
Atualidade	5
Afrodisia	7
Arqueologia	10
Arquivo	12
Arte	14
Aufklärung	17
Autor	19
Confissão	21
Biopolítica	24
Controle	27
Corpos (investimento político dos)	29
Exterior	31
Diferença	33
Disciplina	36
Descontinuidade	38
Discurso	41
Dispositivo	43
Reclusão	45
Epistema	48
Espaço	50
Estética (da existência)	54
Estado	56
Ética	59
Acontecimento	61
Experiência	63
Loucura	66
Genealogia	69
Grupo de Informação sobre as Prisões (GIP)	71
Governamentalidade	74
Guerra	76

VI — Dicionário Foucault | Judith Revel

História	78
Identidade	81
Indivíduo/Individualização	84
Intelectual	87
Irã	90
Liberalismo	94
Liberdade/Libertação	97
Literatura	100
Medicina	103
Natureza	106
Norma	109
Ontologia	111
Paresia	114
População	117
Poder	120
Problematização	123
Razão/Racionalidade	125
Resistência/Transgressão	127
Revolução	130
Saber/Saberes	134
Sexualidade	136
Cuidado de si/Técnicas de si	138
Estrutura/Estruturalismo	140
Subjetivação (processo de)	144
Sujeito/Subjetividade	146
Verdade/Jogo de verdade	148
Vida	150
Georges Bataille	154
Maurice Blanchot	156
Ludwig Binswanger	158
Georges Canguilhem	161
Noam Chomsky	164
Gilles Deleuze	167
Jacques Derrida	170
Immanuel Kant	174
Maurice Merleau-Ponty	177
Friedrich Nietzsche	180
Pierre Rivière	183
Raymond Roussel	185
Jean-Paul Sartre	188
Bibliografia	191

Introdução

A obra de Michel Foucault é complexa: geralmente ressaltamos a grande variedade dos campos de pesquisa, a espantosa escrita barroca, os empréstimos de outras disciplinas, as voltas e reviravoltas, as alterações de terminologia, a vocação por vezes filosófica e jornalística – resumindo, nada que possa se comparar àquilo que a tradição nos habituou a conceber como um sistema filosófico. O *Dicionário Foucault* se inscreve nessa mesma diferença, uma vez que apresenta, simultaneamente, a retomada de conceitos filosóficos herdados de outros pensamentos – e, por vezes, amplamente desviados de seu sentido inicial –, a criação de conceitos inéditos e a elevação à dignidade filosófica, de termos emprestados da linguagem comum; por outro lado, é um vocabulário que se manifesta com muita frequência a partir de práticas e que se candidata, por sua vez, a gerador de práticas: pois *um depósito de ferramentas conceitual* é, literalmente, – gostava de lembrar Foucault – uma "caixa de ferramentas". Por fim, antes de ser fixado definitivamente nos livros, o vocabulário se forja e se modela no laboratório da obra: o enorme *corpus* de textos dispersos retomados há alguns anos sob o título *Ditos e escritos*[1] fornece, desse ponto de vista, uma síntese formidável do trabalho de reprodução de conceitos que implica o exercício do pensamento;

---

1   *Dits et écrits* é a edição francesa da coletânea póstuma de entrevistas, conferências e artigos de Michel Foucault. Foi publicada pela Éditions Gallimard (1994, 4 volumes), sob a direção de Daniel Defert e François Ewald, com a colaboração de Jacques Lagrange. A edição brasileira, *Ditos e escritos*, foi publicada pela Forense Universitária (entre 2002 e 2004, 5 volumes) e organizada por Manoel Barros da Motta. (N.T.)

da mesma forma, o empreendimento de publicação – ainda hoje em andamento – dos cursos do Collège de France constitui uma preciosa inspiração da maneira por meio da qual se constroem progressivamente os campos de investigação, as hipóteses e os instrumentos conceituais da pesquisa foucaultiana. É preciso, enfim, sublinhar que esse laboratório do pensamento não é apenas o local onde se criam os conceitos, mas, por vezes, também, o local onde, num movimento de reviravolta sempre presente em Foucault, eles passaram, num segundo momento, pelo crivo da crítica interna: os termos são, portanto, produzidos, fixados, depois reexaminados e abandonados, modificados ou ampliados num movimento contínuo de retomada e de deslocamento.

O projeto de um *Dicionário Foucault* devia se incumbir de tudo isso de uma só vez. Tarefa árdua, certamente, uma vez que não se tratava nem um pouco de procurar imobilizar tal movimento, mas ao mesmo tempo era preciso procurar tornar inteligível a coerência fundamental da reflexão foucaultiana. Portanto, tivemos de realizar escolhas – muitas vezes difíceis – para tornar visíveis as passagens essenciais dessa problematização contínua; e, na medida do possível, tentamos tecer sistematicamente, por meio de um jogo de referências, a trama a partir da qual o percurso filosófico de Foucault podia ser apreendido na complexidade de suas ramificações e de suas reviravoltas. No fim de sua vida, Foucault gostava de falar de "problematização" e não entendia por aí a "reapresentação" de um objeto preexistente, nem a criação por meio do discurso de um objeto que não existe, mas "o conjunto das práticas discursivas ou não discursivas que lança algo no jogo do verdadeiro e do falso e o constitui como objeto para o pensamento (seja sob a forma da reflexão moral, do conhecimento científico, da análise política etc.)". Assim ele definia um exercício crítico do pensamento, opondo-se à ideia de uma pesquisa metódica da "solução", pois a tarefa da filosofia não é resolver – inclusive pela substituição uma solução por outra –, mas "problematizar", não reformar, mas instaurar uma distância crítica, fazer atuar o "desapego". A maior homenagem que possamos fazer hoje a Foucault é exatamente restituir ao seu pensamento sua dimensão problemática. Portanto, este dicionário deseja ser muito mais do que uma simples reunião de termos enumerados em ordem alfabética; ele deseja ser a tentativa de reconstituir a diversidade

Introdução **3**

dessas "problematizações" – sucessivas ou superpostas – que compõem a extraordinária riqueza das análises "foucaultianas".

O leitor poderá verificar neste *Dicionário Foucault* três tendências que reivindicamos como verdadeiras escolhas de método:

– A multiplicação das entradas: encontrar-se-ão aí tanto conceitos estritamente "foucaultianos", como noções que se tornaram fundamentais em certo número das atuais leituras de Foucault. De fato, é bastante evidente a constatação da grandiosa variedade dos trabalhos recentes dedicados ao filósofo, tanto na França como no resto do mundo: e, talvez ainda mais, a impressionante abundância das utilizações e das aplicações de Foucault em outras realidades e em outros objetos que não aqueles que realmente foram os seus. Pois essas "utilizações" passam basicamente pelos empréstimos – de conceitos, de escolhas metodológicas, de "problematizações" – cujo léxico, mais uma vez, no movimento do pensamento "foucaultiano", nos parece capaz de dar conta da tarefa. Quando foi permissível, quisemos dar conta também desse subproduto do pensamento de Michel Foucault, à parte da esfera de seu próprio pensamento.

– A intensificação dos efeitos de remissão: onde foi possível, procuramos reduzir a velocidade de transmissão das remissões de uma noção para outra, de um modelo de "problematização" para outro, de uma escolha metodológica a uma escolha conceitual ou vice-versa. Com efeito, fizemos questão de mostrar não só em qual ponto o trabalho de Foucault se construía a partir de "linhas" problemáticas coerentes, mas também de qual maneira essas linhas – através de toda uma estratégia de desvio e de retomada, de deslocamento e de reformulação, de ruptura lexical e do tateio nocional – foram, paradoxalmente, a base de uma crítica radical da linearidade do pensamento e da sistemática da filosofia. Essas remissões não tomam a forma de uma indicação formal na sequência do texto dedicado a uma ou outra noção, porém estão inclusas no próprio texto: é desse modo, por exemplo, que encontraremos uma referência às noções de "norma", de "biopolítica", de "governamentalidade" e de "população" no artigo dedicado ao "indivíduo/individualização", e que, por outro lado, cada uma dessas quatro noções, por sua vez, originará uma rede de remissões nas passagens que lhes dizem respeito. O sentido e a riqueza do material conceitual foucaultiano atuam nessa estrutura de relações de um eixo de pesquisa com o outro, de uma periodização com a outra, de um campo de investigação com o outro: é exatamente – gostaríamos de crer – nisso que consiste sua especificidade e consistência. Seguir passo a passo *As Palavras de Foucault* – em seu valor de inaugural e em seu eventual abandono, em sua transformação e em sua reorientação – foi, daí em diante, tentar também mostrar: a tentativa de uma coerência não excludente nem do movimento, nem do obstáculo, nem da descontinuidade, nem da distância, mas de uma tentativa que se constrói contrariamente nas relações e remissões, nas voltas e nas retomadas, nos deslocamentos e nos jogos de ecos – em uma palavra, muito mais uma filosofia do conceito do que uma filosofia da diferença na prática.

– O acréscimo, na sequência dos cerca de sessenta conceitos apresentados, de uma série de substantivos próprios sobre os quais pensamos que fossem determinantes no processo de elaboração do pensamento foucaultiano. Com certeza, não encontraremos explicações aprofundadas da influência de um ou outro autor a respeito de Foucault, mas antes a indicação, de acordo com o caso, de um ponto de encontro, de um racha polêmico, de um campo de debate, de um empréstimo conceitual ou de uma dívida: uma espécie de cartografia elementar e parcial – provavelmente também parcial – das semelhanças familiares, dos parentescos imaginários e dos debates às escondidas que inervam um percurso de pensamento complexo e aberto ao longo de trinta anos de reflexão filosófica e política.

Para terminar, enriquecemos amplamente a bibliografia crítica a fim de possibilitar ao leitor a continuidade e o acompanhamento, através da leitura dos próprios textos e da utilização da literatura secundária, de algumas das pistas que esperamos ter sabido sugerir.

Judith Revel

Atualidade

A noção de atualidade surge de duas maneiras diferentes em Foucault. A primeira consiste em destacar como um acontecimento – por exemplo, a divisão entre a loucura e a não-loucura – não só engendra toda uma série de discursos, de práticas, de comportamentos e de instituições, mas também se estende até nós. "Todos esses acontecimentos, parece-me que nós os repetimos. Nós os repetimos em nossa atualidade, e eu procuro assimilar qual é o acontecimento sob cujo signo nascemos, e qual é o acontecimento que ainda continua a nos atravessar".[1] A passagem da arqueologia à genealogia será, para Foucault, a oportunidade de acentuar novamente a dimensão de prolongamento da história no presente. A segunda está, em compensação, estritamente ligada a um comentário que Foucault, em 1984, faz do texto de Kant "O que São as Luzes?".[2] A análise insiste então no fato de que questionar filosoficamente sua própria atualidade, o que fez Kant pela primeira vez, marca, na verdade, a passagem à modernidade.

A partir de Kant, Foucault desenvolve duas linhas de discurso. Para Kant, questionar a pertinência à sua própria atualidade é – comenta Foucault – examiná-la como um acontecimento do qual se

---

1 Sexualidade e poder. In: MOTTA, Manoel Barros da (Org.) *Ditos e escritos – ética, sexualidade, política*. Tradução de Elisa Monteiro e Inês Autran Dourado Barbosa. Rio de Janeiro: Forense Universitária, 2004, v. V, p. 56.

2 Conferir: What is Enlightenment? In: RABINOW, P. (Org.). *The Foucault Reader*. New York: Pantheon Books, 1984; e O que São as Luzes? In: MOTTA, Manoel Barros da (Org.) *Ditos e escritos – arqueologia das ciências e história dos sistemas de pensamento*. Tradução de Elisa Monteiro. Rio de Janeiro: Forense Universitária, 2004, v. II, p. 335.

teria de indicar o sentido e a singularidade, e questionar a pertinência a um "nós", que corresponde a essa atualidade, isto é, formular o problema da comunidade da qual fazemos parte. Porém, também é preciso compreender que se retomamos nos dias de hoje a ideia kantiana de uma ontologia crítica do presente não é só para compreender o que estabelece o espaço de nosso discurso, mas também para traçar seus limites. Da mesma maneira que Kant "busca uma diferença: qual diferença o hoje introduz em relação a ontem?[3], nós devemos, nós também, procurar resgatar da contingência histórica, que nos faz ser o que somos, possibilidades de ruptura e de mudança. Portanto, questionar a atualidade retorna à definição do projeto de uma "crítica prática nos moldes da transposição possível".[4]

"Atualidade" e "presente" são, inicialmente, sinônimos. Todavia, uma diferença se acentua cada vez mais entre o que, por um lado, nos precede, porém continua, apesar de tudo, a nos atravessar, e o que, por outro lado, sobrevém, ao contrário, como uma ruptura da grade epistêmica à qual pertencemos e da periodização que ela engendra. Essa irrupção do "novo", o que Foucault, assim como Deleuze, chama igualmente de um "acontecimento", torna-se então aquilo que caracteriza a atualidade. O presente, definido por sua continuidade histórica, não é, ao contrário, interrompido por nenhum acontecimento: ele pode apenas oscilar e se romper, dando lugar à instalação de um novo presente. No entanto, se Foucault teve tanta dificuldade para dar conta das rupturas epistêmicas, particularmente no momento da publicação de *As Palavras e as Coisas* (1966), foi com esta concepção de "atualidade" que ele, enfim, encontrou o meio de integrá-las.

---

3 What is Enlightenment? Op. cit., nota 3.
4 Ibidem.

❧

Afrodisia

A noção de *afrodisia* surge em Foucault durante o curso no Collège de France no período 1980-1981, "Subjetividade e verdade", e constituiria mais tarde um dos temas centrais do segundo volume da *História da sexualidade: o uso dos prazeres* (1984).[1] No âmbito de um projeto geral de investigação sobre os modos instituídos do conhecimento de si, Foucault é, com efeito, levado a trabalhar com as "técnicas de si", isto é, a formular, no interior da história da subjetividade, as diferentes aplicações e transformações da "relação com o próprio si" na história de nossa cultura. Esse eixo de pesquisa recebe então duas limitações com o propósito de tornar, num primeiro momento, o caminho mais fácil: uma limitação cronológica (já que se trata de estudar as "técnicas de vida" na cultura helênica entre o século I a.C. e o século II d.C., particularmente entre os filósofos, os médicos e os moralistas) e uma limitação temática, uma vez que o campo de investigação é, neste caso, restrito "a esse tipo de ação que os Gregos chamavam de *afrodisia*".[2] A definição de *afrodisia* é, literalmente, a definição das "obras, [das] ações de Afrodite",[3] ou seja, ações, gestos, toques que proporcionam prazer:

> "Os Gregos e os Romanos possuíam um termo para designar os atos sexuais, a *afrodisia*. A *afrodisia* é o ato sexual do qual, aliás, é difícil saber se implica obrigatoriamente a relação entre dois indivíduos,

---

1   Subjetividade e Verdade. In: *Resumo dos cursos do Collège de France (1970-1982)*. Tradução de Andréa Daher. Rio de Janeiro: Jorge Zahar, 1997, p. 109.

2   Ibidem.

3   *História da sexualidade: o uso dos prazeres*. Tradução: Maria Thereza da Costa Albuquerque. 8. ed. Rio de Janeiro: Edições Graal, 1998, v. II, p. 39.

em outras palavras, a penetração. Trata-se, em todo caso, de atividades sexuais, mas certamente não de uma sexualidade duradoura e perceptível no interior do indivíduo com seus relacionamentos e suas necessidades".[4]

Essa análise implica então dois deslocamentos consequentes. O primeiro é a clara distinção entre a *afrodisia* (que implica tanto atos quanto prazeres) e a simples concupiscência – isto é, a convergência exclusiva para o tema do desejo que estará, mais tarde, no centro da moral cristã e que permitirá firmar as proibições e as leis sob a forma de uma crença da mortificação da carne. Com efeito, entre os gregos,

> "o poder da sedução exercido pelo prazer e a força do desejo que levam a ele constituem, com o próprio ato da *afrodisia*, uma unidade sólida. Esse será, mais tarde, um dos traços fundamentais da ética da carne e da concepção da sexualidade, a dissociação – pelo menos parcial – desse conjunto. Essa dissociação será marcada, de um lado, por certa "eliminação" do prazer (desvalorização moral por meio da injunção, na pastoral cristã, da não busca da volúpia como fim na prática sexual; desvalorização teórica que se traduz pela extrema dificuldade de abrir caminho ao prazer na concepção da sexualidade) e será igualmente marcada por uma problematização cada vez mais intensa do desejo (na qual se observará a marca original da natureza decadente ou a estrutura própria do ser humano)".[5]

O segundo deslocamento, sendo consequência do primeiro, é ao mesmo tempo de natureza histórica e conceitual: ele traça uma clara distinção entre o que é produto da *ética* grega e o que pertence à *moral* cristã. Beneficiando-se de uma periodização precisa do sistema de pensamento estudado através da *afrodisia*, a Igreja cristã se levanta contra aquilo – que, com certeza, Foucault constrói de maneira subjacente –, inventando um código tanto prescritivo (individualmente) quanto normativo (socialmente): outra maneira de também fazer valer – por meio da diferenciação – a investigação arqueológica sobre os gregos, como uma análise genealógica daquilo que, mais tarde, seríamos chamados a ser.

---

4   Entrevista de Michel Foucault com J. François e J. De Wit. In: *Krisis, Tijdschrift voor filosofei*. 14° ano, 1984, p. 47-58. Retomada em *Dits et écrits*. Paris: Gallimard, 1994, v. 4, texto n. 349, p. 661.

5   *História da sexualidade: o uso dos prazeres*. Op. cit., nota 8.

Na verdade, a análise da *afrodisia* serve para formular de maneira extremamente clara o que Foucault chamará posteriormente de *ethos*, a substância ética. Em oposição à moral, a qual prescreve e impõe ao sujeito comportamentos e condutas, a ética é, com efeito, o que permite à pessoa se constituir como sujeito de sua própria vida e de seus próprios atos. Essa produção de si não é compreensível sem modos de subjetivação, historicamente determinados, os quais se organizam a partir de uma relação com o si, que é exatamente o ponto de partida para a constituição do sujeito por si mesmo. É o que Foucault, seguindo o exemplo dos gregos, chama de *ethos*.

> "Uma coisa, com certeza, é uma regra de conduta; outra coisa é a conduta que se pode determinar para essa regra. Mas outra coisa ainda, a maneira pela qual temos de 'nos comportar' – quer dizer, a maneira pela qual temos de nos constituir a nós mesmos como sujeitos morais, agindo de acordo com os elementos prescritivos que compõem o código. [...] a determinação da substância ética [é] a maneira pela qual o indivíduo deve constituir uma ou outra parte de si mesmo como substância principal de sua conduta moral".[6]

Essa determinação de si por si não exclui nem elimina o peso dos códigos e das prescrições; porém preserva – na dimensão ética do processo de subjetivação e nas determinações históricas desse processo – uma liberdade que, ainda que determinada, não se apresenta menos forte: a liberdade da invenção de si por si.

---

6   *História da sexualidade: o uso dos prazeres.* Op. cit., nota 8.

❧

Arqueologia

O termo "arqueologia" surge duas vezes em títulos de obras de Foucault – *As palavras e as coisas*. *Uma arqueologia das ciências humanas* (1966) e *A arqueologia do saber* (1969) – e caracteriza até o início da década de 1970 o método de pesquisa do filósofo. Uma arqueologia não é uma "história", na medida em que, em se tratando antes de reconstituir um campo histórico, Foucault, na verdade, trabalha diferentes dimensões (filosófica, econômica, científica, política etc.) com o propósito de obter as condições de emergência dos discursos do saber em geral em uma dada época. Ao invés de estudar a história das ideias em sua evolução, ele se concentra, por conseguinte, em recortes históricos precisos – particularmente a Idade Clássica e o início do século XIX –, a fim de descrever não só a maneira pela qual os diferentes saberes locais se determinam a partir da construção de novos objetos que surgiram num determinado momento, mas também como eles se correspondem entre si e descrevem de maneira horizontal uma configuração epistêmica coerente.

Se o termo arqueologia, provavelmente, alimentou a identificação de Foucault na corrente estruturalista – na medida em que parecia atualizar uma verdadeira estrutura epistêmica cujos diferentes saberes teriam sido somente variantes –, a interpretação foucaultiana é, de fato, bem outra. Assim como o subtítulo de *As palavras e as coisas* recorda, não se trata de empreender *a arqueologia*, mas sim *uma* arqueologia das ciências humanas: mais do que uma descrição paradigmática geral, trata-se de um recorte horizontal dos mecanismos que articulam diferentes acontecimentos discursivos – os saberes locais – no poder. Essa articulação é, com certeza, histórica por completo: ela possui uma data de nascimento – e tudo o que está em

Arqueologia 11

jogo consiste em também considerar a possibilidade de seu desaparecimento, "assim como à beira do mar, um rosto de areia".[1] No interior de "arqueologia", encontram-se tanto a ideia da *arca*, isto é, da concepção, do princípio, da emergência dos objetos de conhecimento, quanto a ideia do arquivo – o registro desses objetos. Todavia, do mesmo modo como o arquivo não é o rastro perdido do passado, a arqueologia visa, na verdade, ao presente: "Se eu faço isso, é com o objetivo de saber o que nós somos na atualidade".[2] Questionar a historicidade dos objetos do saber é, de fato, problematizar nosso próprio pertencimento ao mesmo tempo a um dado sistema de "discursividade" e a uma configuração do poder. O abandono do termo "arqueologia" em benefício do conceito de "genealogia", bem no início da década de 1970, insistirá na necessidade de redobrar a leitura "horizontal" das discursividades por meio de uma análise vertical – direcionada ao presente – das determinações históricas de nosso próprio regime de discurso.

---

1 *As palavras e as coisas: uma arqueologia das ciências humanas.* Tradução de Salma Tannus Muchail. São Paulo: Martins Fontes, 2000, p. 536.
2 Diálogo sobre o Poder. In: MOTTA, Manoel Barros da (Org.). *Ditos e escritos, estratégia. poder-saber.* Tradução de Vera Lucia Avellar Ribeiro. Rio de Janeiro: Forense Universitária, 2003, v. IV, p. 258.

Arquivo

"Eu chamaria de *arquivo* não a totalidade dos textos que foram preservados por uma civilização, nem o conjunto das marcas que se puderam salvar de sua ruína, mas o jogo das regras que determinam, em uma cultura, o surgimento e o desaparecimento dos enunciados, sua remanescência e eliminação, sua existência paradoxal de *acontecimentos* e de *coisas*. Analisar os fatos do discurso no interior do meio comum do arquivo é considerá-los não como *documentos* (de um significado mascrado ou de uma regra de construção), mas como *monumentos*; é – sem contar com qualquer metáfora geológica, sem nenhuma atribuição de origem, sem o menor gesto em direção à concepção de uma *arca* – empreender o que se poderia chamar, segundo os direitos lúdicos da etimologia, de alguma coisa como uma *arqueologia*".[1]

Da *História da loucura* à *Arqueologia do saber*, o arquivo representa, portanto, o conjunto dos discursos realmente pronunciados numa dada época, os quais continuam a existir através da história. Empreender a arqueologia desse material documentário é procurar compreender as regras, as práticas, as condições e o funcionamento. Para Foucault, isso implica, antes de tudo, um trabalho de reunião do *arquivo geral* da época escolhida, ou seja, de todas as marcas discursivas suscetíveis de permitir a reconstituição do conjunto das regras que, num dado momento, definem tanto os limites quanto as formas da dizibilidade, da conservação, da memória, da reativação e da apropriação. Portanto, o arquivo permite a Foucault diferenciar-

---

1   Sobre a Arqueologia das Ciências. Resposta ao Círculo de Epistemologia. In: *Ditos e escritos: arqueologia das ciências e história dos sistemas de pensamento*. Rio de Janeiro: Forense Universitária, 2004, v. II, p. 95.

Arquivo **13**

se, ao mesmo tempo, dos estruturalistas – uma vez que se trata de trabalhar com discursos considerados como acontecimentos e não com o sistema da língua em geral – e dos historiadores – visto que esses acontecimentos, embora não façam, literalmente, parte de nosso presente, "eles subsistem e exercem, nessa mesma substância, no interior da história, uma série de funções manifestas ou secretas".

Por fim, se o arquivo é o corpo da arqueologia, a ideia de compor um arquivo geral, isto é, de isolar em um lugar todas as marcas produzidas, é, por sua vez, arqueologicamente datável: o museu e a biblioteca são, com efeito, fenômenos peculiares da cultura ocidental do século XIX.

A partir do início da década de 1970, parece que o arquivo muda de status em Foucault: beneficiando-se de um trabalho direto com os historiadores (com *Pierre Rivière*, em 1973; *L'impossible prision*, sob a direção de Michelle Perrot, em 1978; ou com Arlette Farge em *Le désordre des familles*, 1982), Foucault reivindica, nesse momento, cada vez mais a dimensão subjetiva de seu trabalho ("O arquivo não é um livro de história. A escolha que se verá aí não teve regra mais importante do que meu gosto, meu prazer, uma emoção"[2]) e se dedica a uma leitura, geralmente muito literária, daquilo que chama, por vezes, de "estranhos poemas". O arquivo vale daí em diante mais como marca de existência do que como produção discursiva: talvez porque, na verdade, Foucault reintroduz, nesse mesmo momento, a noção de subjetividade em sua reflexão. O paradoxo de uma utilização "não historiográfica" das fontes históricas lhe foi, na realidade, abertamente censurado, muitas vezes.

---

2   A Vida dos Homens Infames. In: *Ditos e escritos: estratégia poder-saber*. Rio de Janeiro: Forense Universitária, 2003, v. IV, p. 203.

Arte

O problema da arte apresenta-se sob três diferentes versões em Foucault. A primeira, que não é especificamente tematizada, porém importante, corresponde à onipresença, em particular nos textos da década de 1960, de referências à literatura e à pintura (e, de maneira bem menor, à música). De acordo com os casos, a referência à arte pode, então, ser estrategicamente utilizada tanto como exemplo de um ato de resistência contra os dispositivos de poder em ação, isto é, acentuando a dimensão crítica do gesto criador (como, em geral, é o caso na análise do "discurso" de alguns literatos, espécie de máquina de guerra lançada contra as noções de obra e de autor, cujo exemplo mais claro é Raymond Roussel), seja como observação, em contraposição, daquilo em que se concentrou e se tornou tangível (e por aí mesmo legível), a *epistema* de uma época (como é, por exemplo, o caso na análise das *Meninas* de Velasquez ou, mais tarde, do *Bar des Folies-Bergères* de Manet). A segunda problematização diz respeito, a partir de *A Vontade de Saber*,[1] à oposição feita por Foucault entre o *ars erotica* e a *scientia sexualis* como duas modalidades diferentes de organizar as relações entre o poder, a verdade e o prazer:

> "[...] pode-se distinguir dois regimes principais. Um é o regime da arte erótica. A verdade nele é extraída do próprio prazer obtido como experiência, analisado segundo sua qualidade [...], e esse saber quintessencial é, sob sigilo, transmitido por meio de iniciação magistral àqueles que se mostram dignos dele [...]. Não obstante,

---

1 *História da sexualidade: a vontade de saber*. Tradução de Maria Thereza da Costa Albuquerque e J. A. Guilhon Albuquerque. 16ª ed. Rio de Janeiro: Edições Graal, 1998, v. I.

a civilização ocidental, há séculos, não conheceu a arte erótica: ela atou as relações de poder, do prazer e da verdade, num modelo completamente diferente: o modelo de uma ciência do sexo".[2]

A oposição, estruturada no início a partir daquela que estava instalada entre o mundo grego e a pastoral cristã, se tornará mais complexa a partir de 1977, com a introdução de uma perspectiva extraocidental (particularmente ligada ao interesse de Foucault pelo Japão). Finalmente, a terceira problematização diz respeito às análises que Foucault desenvolverá, na segunda metade da década de 1970, com relação às "artes de governar", a partir do curso no Collège de France de 1977 a 1978, ou seja, a maneira pela qual a pura singularidade transcendente do poder – a do *Príncipe* de Maquiavel, por exemplo – se transforma numa economia complexa dos modelos de governo que, por sua vez, foi objeto de reformulações entre os séculos XVI e XVII. Esses três eixos de pesquisa, apesar da aparente disparidade, estão, na realidade, intimamente ligados. Há no pensamento de Foucault a ideia de que a arte, a produção artística, representa, ao mesmo tempo e de maneira indissolúvel, tanto um gesto criador quanto a fixação de modos de assujeitar ou de dispositivos de poder/saber. Uma vez que a ideia de uma força que subverte completamente algumas expressões artísticas – ou de uma espécie de exterioridade radical, do absoluto *exterior* do discurso transgressivo dos literatos – esteja descartada, é necessário, com efeito, pensar a arte tanto como um processo de criação quanto como uma das subcategorias de uma economia mais ampla dos saberes, das representações e dos códigos que organizam e objetivam nossa relação com o mundo. Essa ambivalência da arte, uma vez aplicada aos dois campos de investigação definidos por Foucault na década de 1970 (uma analítica da subjetividade e outra analítica dos poderes), permitirá a formulação de maneira diferente do que podem ser, por um lado, uma *arte da existência* e, por outro lado, uma *arte de governar,* sem que para isso se defina novamente uma confrontação entre a subjetividade e o poder.

---

2 L'Occident et la vérité du sexe. In: *Le monde*, nº 9885, 1976, p. 24. Retomado em *Dits et écrits*. Paris: Gallimard, 1994, v. 3, texto nº 181, p. 104.

Certamente, constituir-se [a si próprio] como sujeito – o que, em referência conjunta a Baudelaire e a Walter Benjamin, Foucault por vezes chama de "dandismo" – é "fazer de sua vida uma obra de arte", isto é, projetar, de dentro das malhas tecidas pelos dispositivos de saber, os modos de sujeição e as relações de poder, o espaço de uma subjetivação, de uma invenção de si por si, de uma liberdade. Em uma situação inversa, aplicar-se ao desenvolvimento das artes de governar é incluir dentro de uma nova economia dos poderes a gestão desses processos de subjetivação; é procurar controlá-los e dirigi-los, e não negá-los ou proibi-los. Isso é o que Foucault chama então de "governamentalidade": ao mesmo tempo a ideia de uma subjetivação definida como gesto de criação (do sujeito por si mesmo) e a ideia de uma nova racionalidade que permite o governo desse processo. Longe de uma oposição frontal, a liberdade intransitiva (da subjetivação entendida como criação, como *ars*) e as determinações dos saberes/poderes se entrelaçam, portanto, de maneira complexa e íntima.

Aufklärung

O tema da *Aufklärung* surge em Foucault de maneira cada vez mais insistente a partir de 1978: ele remete sempre ao texto de Kant, *Was ist Aufklärung* (1784). A situação é complexa: se, de imediato, Foucault atribui à questão kantiana o privilégio de ter abordado pela primeira vez o problema filosófico (ou, como diz Foucault, de "jornalismo filosófico") da atualidade, o que interessa ao filósofo parece, a princípio, ser o destino dessa questão na França, na Alemanha e nos países anglo-saxões. É somente num segundo momento que Foucault transformará a referência ao texto kantiano em uma definição dessa "ontologia crítica do presente" com a qual ele fará seu próprio programa de pesquisa.

Foucault desenvolve, na verdade, três níveis de análise diferentes. O primeiro procura reconstituir arqueologicamente o momento em que o Ocidente tornou sua razão, ao mesmo tempo, autônoma e soberana: nesse sentido, a referência às Luzes se insere numa descrição que a precede (a reforma luterana, a revolução copernicana, a matematização galileana da natureza, o pensamento cartesiano, a física newtoniana etc.) e da qual ela representa o momento de plena realização; porém essa descrição arqueológica ainda se encontra genealogicamente inclinada na direção de um presente do qual ainda participamos: é preciso, portanto, compreender "o que pode ser seu balanço atual, qual relação é preciso estabelecer com esse gesto fundador".[1] O segundo nível procura compreender a evolução da

---

1   Introdução à edição americana de CANGUILHEM, G. *Normal et le pathologique*. In: *On the Normal and the Pathological*. Boston: D. Reidel, 1978. Retomada em FOUCAULT, Michel. *Dits et écrits*. Paris: Gallimard, 1994, v. 3, texto nº 219.

18 Dicionário Foucault | Judith Revel

posterioridade da *Aufklärung* em diferentes países e a maneira pela qual essa evolução foi aplicada em campos diversos: em particular na Alemanha, numa reflexão histórica e política a respeito da sociedade ("dos hegelianos à Escola de Frankfurt e a Lukacs, Feuerbach, Marx, Nietzsche e Max Weber");[2] na França, através da história das ciências e da problematização da diferença saber/crença, conhecimento/religião, científico/pré-científico, (Comte e o positivismo, Duhem, Poincaré, Koyré, Bachelard, Canguilhem). Por fim, o terceiro nível questiona nosso próprio presente: "Kant não procura compreender o presente a partir de uma totalidade ou de uma conclusão futura. Ele busca uma diferença: qual diferença o hoje introduz em relação a ontem?".[3] É essa pesquisa da diferença que caracteriza não só "a atitude da modernidade", mas também o *ethos* que é próprio dos seres humanos.

O comentário de Kant esteve no centro de um princípio de debate com Habermas, infelizmente interrompido pela morte de Foucault. As leituras que os dois filósofos fazem da questão das Luzes são diametralmente opostas, em particular porque Habermas procura, na verdade, definir a partir da referência kantiana os pré-requisitos para uma comunidade linguística ideal, ou seja, a unidade da razão crítica e do projeto social. Para Foucault, o problema da comunidade não é o requisito que torna possível um novo universalismo, mas a consequência direta da ontologia do presente: "para o filósofo, questionar o pertencimento a esse presente não será, mais do que nunca, a questão de seu pertencimento a uma doutrina ou a uma tradição; não será mais, simplesmente, a questão de seu pertencimento a uma comunidade humana em geral, mas sim a questão de seu pertencimento a um certo 'nós', a um nós que se refere a um conjunto cultural característico de sua própria atualidade".[4]

---

2   Ibidem.
3   What is Enlightenment? Op. cit., nota 3.
4   O que São as Luzes? Op. cit., nota 3.

Autor

Em 1969, Foucault fez uma conferência sobre a noção de autor, a qual é aberta por estas palavras: *"O que importa quem fala?"* Nessa indiferença afirma-se o princípio ético, talvez o mais fundamental, da escrita contemporânea[1]. Essa crítica radical da ideia de autor – e de um modo mais amplo do par autor/obra – vale tanto como diagnóstico da literatura (em particular no triplo exemplo de Blanchot, do novo romance e da nova crítica) quanto como método foucaultiano de leitura arqueológica: com efeito, se reencontramos, com frequência, a teorização desse "lugar vazio" nas obras de alguns escritores que Foucault comenta à época, também é verdade que a análise a que se dedica o filósofo em *As palavras e as coisas* procura, por sua vez, aplicar ao arquivo, quer dizer, à história, o princípio de uma leitura de "grande quantidade de enunciados" ou "planos discursivos", que não estariam "escandidos pelas unidades habituais do livro, da obra e do autor".[2] Desse ponto de vista, o início de *A ordem do discurso* não faz senão prosseguir na descrição de um fluxo de palavras que estaria simultânea e historicamente determinado e não individualizado, o qual ditaria as condições de linguagem do próprio Foucault: "Eu gostaria de ter percebido que no momento da fala, uma voz sem nome me precedia há muito tempo".[3]

---

1   O que é um Autor? In: MOTTA, Manoel Barros da (Org.). *Ditos e escritos – estética – Literatura e pintura, música e cinema.* Tradução de Inês Autran Dourado Barbosa. Rio de Janeiro: Forense Universitária, 2003, v. III, p. 264.

2   Ibidem.

3   *A ordem do discurso.* Tradução de Laura Fraga de Almeida Sampaio. São Paulo: Loyola, 1996, p. 5.

20 | Dicionário Foucault | Judith Revel

Do ponto de vista do método, Foucault se encontra, aparentemente, bastante próximo do que fez Barthes na mesma época, uma vez que a análise estrutural da narrativa não se refere à psicologia, à biografia pessoal ou às características subjetivas do autor, mas às estruturas internas do texto e ao jogo de sua articulação. É provavelmente a partir da constatação dessa "vizinhança" metodológica (a qual o aproxima igualmente de Althusser, de Lévi-Strauss ou de Dumézil) que, geralmente, se associa Foucault à corrente estruturalista. Em Foucault, no entanto, a pesquisa de estruturas lógicas está marcada por uma veia "blanchotiana" particular ("a obra sempre comporta, digamos assim, a morte do próprio autor. Ao mesmo tempo que se escreve, se desaparece"[4]) que, além da simples detecção da caducidade histórica de uma categoria em que se havia acreditado até agora ser incontornável, leva Foucault a uma análise das relações que mantêm a linguagem e a morte. À descrição da supressão de uma noção da qual ele descreve historicamente a constituição e os mecanismos e depois a dissolução (e, nisso, a noção de autor recebe quase o mesmo tratamento que aquela de "sujeito"), Foucault acrescenta, portanto, ao mesmo tempo a identificação do seu próprio status de linguagem e a problematização de uma experiência da escrita concebida como passagem ao limite.

Essa influência "blanchotiana" o levará, ao longo da década de 1960 e à margem dos grandes livros, a se deter sobre uma série de "casos" literários que possuem todos um parentesco com a loucura (e, nesse caso, estamos bem longe das palavras da *História da Loucura*) ou com a morte. Foucault comentará, portanto, Hölderlin e Nerval, Roussel e Artaud, Flaubert e Klossowski, e até mesmo alguns escritores próximos da revista *Tel Quel*, destacando-lhes o valor exemplar: "A linguagem, nesse momento, tomou sua estatura soberana: ela surge assim como algo vindo de longe, donde ninguém fala; mas ela só existe enquanto obra se, remontando ao seu próprio discurso, falar na direção dessa ausência".[5]

---

4   Entrevista com Michel Foucault. In: *Bonniers Litteräre Magasin*. Stockholm, nº 3, março de 1968. Retomada em *Dits et écrits*. Paris: Gallimard, 1994, v. 1, texto nº 54.

5   O "Não" do Pai. In: MOTTA, Manoel Barros da (Org.) *Ditos e escritos: problematização do sujeito – psicologia, psiquiatria e psicanálise*. Tradução de Vera Lucia Avellar Ribeiro. Rio de Janeiro: Forense Universitária, 2002, v. I, p. 185.

Confissão

O tema da confissão surge muito cedo na obra de Foucault, sendo constantemente associado à ideia de uma objetivação forçada dos sujeitos a partir de sua própria fala, em nome de um poder que os obriga a falar e se apodera de sua fala (em se tratando do poder da justiça ou do poder do saber psiquiátrico): dessa maneira, "o suplício sempre supõe uma fala anterior".[1] É assim também que a medicina praticada nos asilos do século XIX justifica o recurso às duchas para tratar os enfermos, uma vez que "A água é o instrumento da confissão [...]. Ela força a loucura a confessar – a loucura que é, nessa época, crença sem confissão".[2] Num segundo momento, a noção de confissão constitui o objeto de um estudo aprofundado durante o curso no Collège de France de 1971 a 1972 dedicado às "teorias e instituições penais", na medida em que ela serve para definir um regime específico de aplicação dos poderes e de constituição dos saberes, o regime da *investigação*, o qual substitui a noção de *medida* (modelo de poder-saber ligado à constituição da cidade grega) e que está, por sua vez, basicamente ligada à formação do Estado medieval a partir do século XIV:

> "A investigação: meio de constatar ou de reconstituir os fatos, os acontecimentos, os atos, as propriedades, os direitos; mas também

---

1   Introdução (*in* Rousseau). In: *Ditos e escritos: – problematização do sujeito – psicologia, psiquiatria e psicanálise*. Rio de Janeiro: Forense Universitária, 2002, v. I, p. 165.

2   A Água e a Loucura. In: *Ditos e escritos: problematização do sujeito – psicologia, psiquiatria e psicanálise*. Rio de Janeiro: Forense Universitária, 2002, v. I, p. 205.

22 Dicionário Foucault | Judith Revel

matriz dos saberes empíricos e das ciências da natureza. [...] Passagem do sistema da vingança ao sistema da punição; da prática acusatória à prática inquisitória; do prejuízo que provoca o litígio à infração que determina a ação judicial; da decisão baseada em provação ao julgamento baseado em provas {no que diz respeito à prova, ao julgamento da prova); do combate que designa o vencedor e marca o justo direito à constatação que, apoiando-se nos testemunhos, estabelece o fato".[3]

A investigação, na qual a confissão é um dos elementos decisivos, será, por sua vez, substituída pelo modelo do *exame*, modalidade do poder-saber ligado aos sistemas de controle, de exclusão e de punição, próprios das sociedades industriais.

De fato, a partir de 1976, a leitura foucaultiana dos modelos de poder-saber, articulada a partir da distinção (ao mesmo tempo histórica, epistemológica e política) entre a medida, a investigação e o exame, cede o lugar a outro tipo de análise. Partindo novamente de uma definição simples da confissão ("De um modo geral, a confissão consiste no discurso do sujeito sobre ele mesmo, numa situação de poder em que ele é dominado, obrigado, e que, por meio da confissão, ele modifica)",[4] Foucault está mais interessado pela maneira por meio da qual, numa determinada época, os sujeitos são intimados a dizer a verdade daquilo que eles são, enquanto parte integrante de dispositivos, que designam simultaneamente o que, neles, pode representar com exatidão para o poder uma aposta em relação à verdade, e a maneira pela qual a fala subjetiva deve ser suscitada, praticada e reunida, a fim de se objetivar o conteúdo. A confissão parece então valer tanto para o exame de consciência e para a confissão, no âmbito da pastoral cristã, quanto para a psicanálise, que parece depender "desse formidável crescimento e institucionalização dos procedimentos de confissão característicos de nossa civilização"[5].

Há, portanto, de se traçar uma história da confissão, ou seja, dos di-

---

3   Teorias e Instituições Penais. In: *Resumos dos Cursos do Collège de France (1970-1982)*. Rio de Janeiro: Jorge Zahar, 1997.

4   Entrevista com C. Bojunga e R. Lobo. Michel Foucault: O Filósofo Responde. In: *Jornal da Tarde*, 1º nov. 1975, p. 12 -13.

5   Les rapports de pouvoir passent à l'intérieur des corps. Entrevista com Lucette Finas. In: *La Quinzaine Littéraire*, nº 247, 1º-15 de janeiro de 1977, p. 4-6. Retomado em *Dits et écrits*. Paris: Gallimard, 1994, v. 3, texto nº 197, p. 235.

ferentes modelos que ela tomou ao longo da história – do murmúrio obrigatório e fugaz que prenunciava a penitência e/ou o perdão, desde os primórdios da cristandade, aos grandes mecanismos públicos de registro administrativo e de gestão social dos sujeitos através de sua própria fala, a partir do século XVII: da confissão ao controle.

Num terceiro momento, a partir do início da década de 1980 e, em paralelo, com seu estudo a respeito dos diferentes procedimentos de subjetivação, Foucault é levado a distinguir entre a produção de uma fala subjetiva, que origina uma estratégia, de objetivação e de controle, e uma fala que, pelo contrário, possibilita ao sujeito a construção de sua própria subjetividade num jogo que também faz parte da liberdade. Se, no primeiro caso, trata-se de obter "a humildade e a mortificação, o desprendimento em relação ao si e a constituição de uma relação com o si que tende à destruição do modelo do si";[6] no segundo, em contraposição, a fala ou a escrita de si possibilita, como no caso dos *hupomnêmata*,[7] "a reunião daquilo que se pôde ouvir ou ler, e isso para um fim que não é senão a constituição de si".[8]

---

6   Do Governo dos Vivos. In: *Resumo dos Cursos do Collège de France (1970-1982)*. Rio de Janeiro: Jorge Zahar, 1997.

7   *Hupomnêmata* designa uma espécie de caderno utilizado inicialmente para registros públicos e, em seguida, para anotações dos mais variados gêneros. De acordo com Foucault, sua utilização também constituía uma forma de subjetivação do discurso. (N.T.)

8   A Escrita de Si. In: *Ditos e escritos: ética, sexualidade, política*. Rio de Janeiro: Forense Universitária, 2004, v. V, p. 144.

Biopolítica

O termo "biopolítica" designa a maneira pela qual o poder se encaminha para a transformação, entre o fim do século XVIII e o início do século XIX, a fim de governar não só os indivíduos por meio de uma série de procedimentos disciplinares, mas também o conjunto dos seres vivos que compõem a população: a biopolítica – por meio dos biopoderes locais – se ocupará, portanto, da gestão da saúde, da higiene, da alimentação, da sexualidade, da natalidade etc., na medida em que tais gestões se tornaram apostas políticas.

A noção de biopolítica implica uma análise histórica da conjuntura de racionalidade política na qual ela surge, ou seja, o nascimento do liberalismo. Por liberalismo é preciso entender um exercício do governo que não só aspira a maximizar seus efeitos, reduzindo seus custos, sobre o modelo de produção industrial, mas também afirma que sempre se corre o risco de governar demais. Ainda que a "razão de Estado" tenha procurado desenvolver seu poder por meio do crescimento do Estado, "a reflexão liberal não parte da existência do Estado, encontrando no governo o meio de alcançar esse fim, de existir para ele próprio; mas [parte] da sociedade que se encontra numa complexa relação de exterioridade e de interioridade em relação ao Estado".[1] Esse novo modelo de "governamentalidade", que não é redutível nem a uma análise jurídica, nem a uma leitura econômica (ainda que uma e outra aí estejam ligadas), se apresenta, por conseguinte, como uma nova tecnologia do poder, atribuindo-se um novo objeto: a "população". A população é um conjunto de seres

---

1 Nascimento da Biopolítica. In: *Resumos dos Cursos do Collège de France (1970-1982)*. Rio de Janeiro: Jorge Zahar, 1997, p. 91.

Biopolítica **25**

vivos e coexistentes que apresentam traços biológicos e patológicos particulares e dos quais a própria vida é suscetível de ser controlada, a fim de se assegurar uma melhor gestão da força de trabalho:

"A descoberta da população é, ao mesmo tempo que a descoberta do indivíduo e do corpo adestrável, o outro grande núcleo (nó) tecnológico em torno do qual os procedimentos políticos do Ocidente se transformaram. Inventou-se, nesse momento, o que eu chamarei, em oposição à anátomo-política que acabei de mencionar, a biopolítica".[2]

Enquanto a disciplina sucedia como "anátomo-política" dos corpos e se aplicava basicamente aos indivíduos, a biopolítica representa, portanto, essa grande "medicina social" que se aplica à população com o propósito de governar sua vida: a vida faz, daí em diante, parte do campo do poder.

A noção de biopolítica suscita dois problemas. O primeiro está ligado a uma contradição que se encontra na própria obra de Foucault: nos primeiros textos onde aparece o termo, ele parece estar ligado ao que os alemães chamaram no século XVIII de *Polizeiwissenschaft*, isto é, a manutenção da ordem e da disciplina por meio do crescimento do Estado. Porém, mais adiante, a biopolítica parece, em contraposição, destacar o momento de ultrapassagem da tradicional dicotomia Estado/sociedade, em benefício de uma economia política da vida em geral. É a partir dessa segunda formulação que nasce o outro problema: trata-se de pensar a biopolítica como um conjunto de biopoderes ou então, na medida em que dizer que o poder abrangeu a vida significa igualmente que a vida é um poder, pode-se localizar na própria vida – isto é, certamente, no trabalho e na linguagem, mas também nos corpos, nos afetos, nos desejos e na sexualidade – o local de emergência de um contrapoder, o local de uma produção de subjetividade que se daria como momento de "desassujeitamento"? Nesse caso, o tema da biopolítica seria fundamental para a reformulação ética da relação com o político que caracteriza as últimas análises de Foucault; mais ainda: a biopolítica representaria exatamente o momento da passagem da política à éti-

---

2   Les mailles du pouvoir. Conferência na Universidade da Bahia, 1976. In: *Barbárie*, nº 4 e nº 5, 1981. Retomada em *Dits et écrits*. Paris: Gallimard, 1994, v. 4, texto nº 297.

ca. Como admite Foucault em 1982, "a análise, a elaboração, a retomada do questionamento das relações de poder e do 'agonismo' entre relações de poder e intransitividade da liberdade são uma tarefa política incessante [...] é exatamente isso, a tarefa política inerente a toda existência social".[3]

---

3 O sujeito e o poder. In: RABINOW, Paul; DREYFUS, Hubert. *Michel Foucault, uma trajetória filosófica: para além do estruturalismo e da hermenêutica.* Tradução de Vera Porto Carrero. Rio de Janeiro: Forense Universitária, 1995, p. 273.

Controle

O termo "controle" se apresenta no vocabulário de Foucault de maneira cada vez mais frequente a partir de 1971-72. Designa, num primeiro momento, uma série de mecanismos de vigilância que surgem entre os séculos XVIII e XIX e que têm por função não punir o descaminho, mas corrigi-lo e, principalmente, preveni-lo. "Toda a penalidade do século XIX torna-se um controle, não tanto sobre o que fazem os indivíduos – isso está ou não em conformidade com a lei? –, mas sobre o que eles podem fazer, do que eles são capazes de fazer, do que estão sujeitos a fazer, daquilo que estão na iminência de fazer".[1] Essa extensão do controle social corresponde a uma "nova distribuição espacial e social da riqueza industrial e agrícola":[2] é a formação da sociedade capitalista, isto é, a necessidade de controlar os fluxos e a repartição espacial da mão de obra, levando em consideração as necessidades da produção e do mercado de trabalho, que torna necessária uma verdadeira *ortopedia social*, na qual o desenvolvimento da polícia e a vigilância das populações são os instrumentos essenciais.

O controle social não passa só pela justiça, mas também por uma série de outros poderes laterais (as instituições psicológicas, psiquiátricas, criminológicas, médicas, pedagógicas; a gestão dos corpos e a instituição de uma política de saúde; os mecanismos de assistência, as associações filantrópicas e os patrocínios etc.) que se articulam em dois momentos: trata-se, por um lado, de constituir *po-*

---

1   *A verdade e as formas jurídicas*. Tradução de Roberto Cabral Machado e Eduardo Jardim Morais. Rio de Janeiro: Nau Editora, 1999.

2   Ibidem.

28 Dicionário Foucault | Judith Revel

pulações nas quais inserir os indivíduos – o controle é basicamente uma economia do poder que gerencia a sociedade em função de modelos normativos globais integrados num aparelho estatal centralizado –; mas, por outro lado, trata-se também de tornar o poder capilar, quer dizer, de instalar um sistema de individualização que se destine a modelar cada indivíduo e a gerenciar sua existência. Esse duplo aspecto do controle social (governo das populações/governo pela individualização) foi particularmente estudado por Foucault no caso do funcionamento das instituições de saúde e do discurso médico no século XIX, mas também na análise das relações entre a sexualidade e a repressão no primeiro volume da *História da sexualidade*.

Toda a ambiguidade do termo "controle" deve-se ao fato de que, a partir da década de 1980, Foucault deixa subentender que ele o entende como um mecanismo de aplicação do poder diferente da disciplina. É, em parte, sobre esse ponto que se executa a reviravolta programática da *História da Sexualidade*, entre a publicação do primeiro volume (1976) e a publicação dos dois últimos (1984): "O controle do comportamento sexual possui um modelo completamente diferente do modelo disciplinar".[3] A interiorização da norma, patente na gestão da sexualidade, corresponde tanto a uma penetração extremamente fina do poder nas estruturas da vida quanto a uma subjetivação desta última. A noção de controle, uma vez independente das análises disciplinares, conduz então Foucault, ao mesmo tempo, em direção a uma "ontologia crítica da atualidade" e a uma análise dos modos de subjetivação que estarão no centro de seu trabalho na década de 1980.

---

3   Entrevista com Michel Foucault. In: *Ditos e escritos: problematização do sujeito – psicologia, psiquiatria e psicanálise*. Rio de Janeiro: Forense Universitária, 2002, v. I, p. 338.

Corpos (investimento político dos)

"Houve, ao longo da Idade Clássica, toda uma descoberta do corpo como objeto e alvo do poder":[1] as análises de Foucault na década de 1970 procuram, acima de tudo, compreender como se passou de uma concepção do poder, em que se tratava o corpo como uma superfície de inscrição dos suplícios e das penas, a outra que procurava, pelo contrário, formar, corrigir e reformar o corpo. Até o final do século XVIII, o controle social do corpo passa pelo castigo e pela reclusão: "com os príncipes, o suplício legitimava o poder absoluto, sua *"atrocidade"* se exercia sobre os corpos, pois o corpo era a única riqueza acessível"[2]; em compensação, nas instâncias de controle, que surgem desde o início de século XIX, trata-se antes de gerenciar a racionalização e a rentabilidade do trabalho industrial por meio da vigilância do corpo da força de trabalho: "Para que um certo liberalismo burguês tenha sido possível na esfera das instituições, foi preciso, na esfera do que eu chamo de *micropoderes*, uma abordagem muito mais rigorosa dos indivíduos, foi preciso organizar o esquadrinhamento dos corpos e dos comportamentos".[3]

"O que proporcionou a grande renovação da época foi um problema de corpo e de materialidade, uma questão física: novo formato adotado pelo aparelho de produção, novo modelo de contato entre esse

---

1 *Vigiar e punir.* Tradução de Lígia M. Ponde Vassalo. Petrópolis: Vozes, 1987.
2 A Prisão Vista por um Filósofo Francês. In: *Ditos e escritos: estratégia poder-saber.* Rio de Janeiro: Forense Universitária, 2003, v. IV, p. 154.
3 Sur la sellette. In: *Les Nouvelles Littéraires*, nº 2477, março de 1975. Retomado em *Dits et écrits.* Paris: Gallimard, 1994, v. 2, texto 152.

aparelho e aquele que o faz funcionar; novas exigências impostas aos indivíduos como forças produtivas [...] é um capítulo da história dos corpos".[4]

Com base nisso, Foucault desenvolve sua análise em duas direções: a primeira corresponde a uma verdadeira "física do poder" ou, como a designará mais tarde o filósofo, uma *anátomo-política*, uma *ortopedia social*, isto é, um estudo das estratégias e das práticas pelas quais o poder modela cada indivíduo desde a escola até a fábrica; a segunda corresponde, contrariamente, a uma *biopolítica*, ou seja, à gestão política da vida: não se trata mais de corrigir e de vigiar os corpos dos indivíduos, mas de gerenciar "populações", instituindo verdadeiros programas de administração da saúde, da higiene etc.

Quando Foucault começa a trabalhar com a sexualidade, ele se conscientiza de duas coisas: por um lado, é a partir de uma rede de *somato-poder* que nasce a sexualidade "como fenômeno histórico e cultural no qual nos reconhecemos"[5], e não a partir de uma penetração moral das consciências: é preciso, portanto, traçar sua história; por outro lado, a atualidade da questão das relações entre o poder e os corpos é essencial: pode-se recuperar o próprio corpo? A questão é ainda mais pertinente até porque Foucault participa, na mesma época, das discussões sobre o movimento homossexual e porque é "essa luta pelos corpos que faz com que a sexualidade seja um problema político".[6] O corpo torna-se daí em diante uma aposta da resistência ao poder, a outra vertente dessa "biopolítica" que se torna o centro das análises do filósofo no fim da década de 1970.

---

4 A Sociedade Punitiva. In: *Resumos dos Cursos do Collège de France (1970-1982)*. Rio de Janeiro: Jorge Zahar, 1997, p. 41.
5 Les rapports de pouvoir passent à l'intérieur des corps. Op. cit., nota 31.
6 Sexualidade e Política. In: *Ditos e escritos: ética, sexualidade, política*. Rio de Janeiro: Forense Universitária, 2004, v. V, p. 26.

Exterior

Em 1966, num texto dedicado a Maurice Blanchot,[1] Foucault define a "experiência do exterior" como a dissociação do "eu penso" e do "eu falo": a linguagem deve encarar o desaparecimento do sujeito que fala e registrar seu lugar vazio como fonte de sua própria extravasão indefinida. A linguagem escapa, então,

> "ao modo de ser do discurso, ou seja, à dinastia da representação, e a linguagem literária se desenvolve a partir de si mesma, formando uma rede na qual cada ponto, distinto dos outros, à distância até dos mais próximos, está situado em relação a todos num espaço que, simultaneamente, os abriga e os separa".[2]

Essa passagem ao exterior como desaparecimento do sujeito que fala e, contemporaneamente, como surgimento do próprio ser da linguagem, caracteriza para Foucault um pensamento cuja "necessidade de tentar definir as formas e as categorias fundamentais também se fará presente um dia" e da qual ele destaca uma espécie de linhagem dentro dos limites da cultura ocidental. De Sade a Hölderlin, de Nietzsche a Mallarmé, de Artaud a Bataille e a Klossowski, trata-se sempre de indicar essa passagem ao exterior, isto é, tanto a fragmentação da experiência da interioridade quanto o descentramento da linguagem em direção ao seu próprio limite; nesse sentido, segundo Foucault, Blanchot parece ter conseguido retirar da linguagem a reflexividade da consciência e transformado a ficção em uma dissolução da narração que valoriza "o interstício das imagens".

---

1 O Pensamento do Exterior. In: *Ditos e escritos: estética – literatura e pintura, música e cinema*. Rio de Janeiro: Forense Universitária, 2003, v. III, p. 219.
2 Ibidem.

32 Dicionário Foucault | Judith Revel

O paradoxo dessa palavra sem raiz e sem alicerce, que se manifesta como transpiração e como murmúrio, como distanciamento e como dispersão, é que representa um avanço em direção àquilo que nunca recebeu linguagem – a linguagem propriamente dita, a qual não é nem reflexão, nem ficção, mas escoamento contínuo –, ou seja, a oscilação indefinida entre a origem e a morte.

O tema do exterior é interessante tanto porque explica os autores com os quais Foucault se ocupa no mesmo período – a "linhagem do exterior", da qual Blanchot seria a encarnação mais talentosa – quanto porque forma um contraponto radical àquilo que o filósofo se dedica a descrever em seus livros. Com efeito, quando Foucault destaca o risco de reconduzir a experiência do exterior à dimensão da interioridade e a dificuldade de dotá-la de uma linhagem que lhe seja fiel, ele relata a fragilidade desse "exterior": ora, não há exterior possível numa descrição arqueológica dos dispositivos discursivos tal como é apresentada em *As palavras e as coisas*. Somente bem mais tarde é que Foucault deixará de pensar o "exterior" como uma passagem ao limite ou como uma pura exterioridade, e lhe dará um lugar no próprio interior da ordem do discurso: a oposição não estará, então, mais entre o interior e o exterior, entre o reinado do sujeito e o murmúrio anônimo, mas entre a linguagem objetivada e a palavra de resistência, entre o sujeito e a subjetividade, isto é, aquilo que Deleuze chamará de "a dobra". A dobra – o termo já é estranhamente utilizado por Foucault em 1966 – é o fim da oposição exterior/interior, porque é o exterior do interior. E Foucault conclui: "[...] sempre estamos no interior. A margem é um mito. A fala do exterior é um sonho que não deixamos de repetir".[3]

---

3   L'extension sociale de la norme. In: *Politique Hebdo*, nº 212, março de 1976. Retomado em *Dits et écrits*. Paris: Gallimard, 1994, v. 3, texto nº 173.

Diferença

Foucault parece distinguir em seu trabalho a noção de diferença da noção de alteridade. Com efeito, todo o trabalho da *História da loucura* parece, à primeira vista, se basear no descobrimento das formas – discursivas institucionais, espaciais, políticas etc. – através das quais ocorre a divisão fundadora entre a razão e seu outro (a loucura) a partir da Idade Clássica. Porém, assim como destaca o título da primeira edição da obra de 1961, a loucura que é construída pela razão é, literalmente, uma "desrazão", o que é uma maneira de dizer que qualquer *outro* é, na verdade, apenas o *outro do mesmo*, sua simétrica inversa: "abordada pela razão, ela é como se fosse recebida e plantada nela".[1] Ora, embora Foucault trace a história de uma divisão que se apresenta, na verdade, como uma estrutura especular, perfeitamente dialética, e que marca nessa reenvio da loucura à razão o privilégio exorbitante que esta última tem de exercer seu poder sobre *o que não é ela*; o filósofo não deixa, apesar de tudo, de reiterar sua intenção de abrir caminho para uma verdadeira exterioridade da razão, um exterior que escaparia ao círculo dialético, uma "loucura desalienada", uma alteridade que não poderia mais ser reconduzida ao mesmo. Essa alteridade impossível de reconduzir recebe então várias formulações: *loucura das origens* (num vocabulário ainda emprestado da fenomenologia), *exterior* (sob a influência de Blanchot), *transgressão* (sob a influência de Bataille), *esoterismo estrutural* (relacionado a Roussel, sob a influência da análise estrutural do discurso), *diferença*. E a partir do momento em que Foucault renuncia à

---

1 FOUCAULT, Michel. *História da loucura na Idade Clássica*. Tradução de José Teixeira Coelho Netto. São Paulo: Perspectiva, 1978.

34 Dicionário Foucault | Judith Revel

procura da libertação da influência da Razão (e, de um modo mais amplo, dos dispositivos de saber/poder que ele será levado a analisar posteriormente) dentro de uma improvável exterioridade da própria razão, é que, finalmente, o termo diferença vai se impor e, ao invés de desistir, ele procurará investigar, no próprio interior das relações de poder e dos discursos de saber, uma diferença, ou seja, o produto de uma resistência: "Trata-se, em suma, de transformar a crítica exercida no modelo da limitação necessária em uma crítica prática no modelo da transposição possível".[2]

A noção de diferença apresenta uma série de problemas que não podem ser negligenciados. Implica, ao mesmo tempo, não reproduzir o modelo dialético do qual é prisioneira a figura do outro e não se reencontrar, por sua vez, prisioneira de uma concepção puramente negativa e privativa daquilo de que ela procura se desprender. Nos dois casos (isto é, basicamente para Foucault, tanto contra a filosofia hegeliana quanto contra todos os pensamentos do negativo), parece então que o modelo convocado, a fim de servir de paradigma, é o modelo da diferença linguística que se observa de maneira particularmente notável em Saussure. Para Saussure, a diferença não é o vínculo (necessariamente segundo) entre duas entidades (consideradas como primeiras), isto é, a marca privativa da distância entre uma e outra, mas, pelo contrário, aquilo que se estabelece como um vínculo primeiro e constitutivo entre dois elementos que não só lhe preexistem, mas também são seu produto. É essa diferença primeira, positiva, geradora (para Saussurre: a diferença entre o significante e o significado, que constitui o signo, ou a diferença entre os próprios signos, que tece a cadeia do sentido), em outras palavras, a forma de uma relação considerada como matriz produtiva que Foucault escolhe, portanto, opor à alteridade: sem *Aufhebung* possível, mas uma produção (de ser, de sentido, de formas, de práticas, de subjetividade) que não é suscetível de ser ligada aos termos implicados na relação diferencial. A diferença se tornou uma matriz criadora, ela recebe, portanto, em Foucault uma clara caracterização ontológica.

O tema da diferença encontra-se muito presente na filosofia francesa, particularmente a partir de 1945: assim, nós o reencon-

---

2   O que São as Luzes? Op. cit., nota 3.

tramos em contemporâneos de Foucault (por exemplo, Merleau-Ponty, Deleuze ou Derrida). Porém, o pensamento foucaultiano da diferença se distingue dos outros em ao menos dois pontos: ele não deve nada ao pensamento heideggeriano da diferença ontológica, na medida em que não é só imanente em absoluto, mas decididamente afirmativo, positivo, produtivo; ele chega, nos últimos anos do trabalho de Foucault, a caracterizar o que o filósofo chama de "uma ontologia crítica de nós mesmos", ou seja, não é só o trabalho de análise de todas as determinações históricas que nos fazem ser o que somos, mas também é a tentativa permanentemente relançada de rompimento desse "presente" (porque Foucault o define como um "acontecimento") e de abertura à dimensão que constitui a atualidade, com o objetivo de instaurar uma "reflexão sobre o *hoje* como diferença na história".[3]

---

3   O que São as Luzes? Op. cit., nota 3.

Disciplina

Modalidade de aplicação do poder que surge entre o fim do século XVIII e o início do século XIX. O "regime disciplinar" caracteriza-se por um conjunto de técnicas de coerção que se exercem segundo um esquadrinhamento sistemático do tempo, do espaço e do movimento dos indivíduos, e que abrangem particularmente as atitudes, os gestos, os corpos: "Técnicas de individualização do poder. Como vigiar alguém, como controlar sua conduta, seu comportamento, suas aptidões, como intensificar seu desempenho, multiplicar suas capacidades, como colocá-lo no lugar onde ele será mais útil".[1] O discurso da disciplina é estranho à lei, ou ao discurso da regra jurídica derivada da soberania: ela apresenta um discurso a respeito da regra natural, ou seja, a respeito da norma.

Os procedimentos disciplinares se exercem mais sobre os processos da atividade do que sobre seus resultados e "o assujeitamento constante de suas forças [...] impõe uma relação de docilidade-utilidade".[2] Certamente, as "disciplinas" não nascem, na verdade, no século XVIII – podemos observá-las há muito tempo nos conventos, nas forças armadas, nas oficinas –, mas Foucault procura compreender de que maneira elas se tornam, num determinado momento, fórmulas gerais de dominação. "O momento histórico das disciplinas é o momento em que nasce uma arte do corpo humano, a qual não visa apenas ao aumento de suas habilidades, nem à intensificação de sua sujeição, mas à formação de uma relação que, no mesmo mecanis-

---

1   Les mailles du pouvoir. Op. cit. nota 36.
2   *Vigiar e punir*. Op. cit., nota 41.

mo, a torna tão mais obediente quanto mais útil e vice-versa".[3] Essa "anatomia política" abrange então as escolas, os hospitais, os locais de produção e, de modo mais amplo, qualquer espaço fechado que possa possibilitar a gestão dos indivíduos no espaço, sua repartição e sua identificação. O modelo de uma gestão disciplinar perfeita é proposto por meio da formulação "benthaminiana" do "pan-óptico", local de encarceramento onde os princípios de visibilidade total, de decomposição das massas em unidades e de reordenação complexa destas últimas segundo uma hierarquia rigorosa, permitem submeter cada indivíduo a uma verdadeira economia do poder: inúmeras instituições disciplinares – prisões, escolas, asilos – possuem ainda hoje uma arquitetura pan-óptica, em outras palavras, um espaço caracterizado, por um lado, pelo encarceramento e pela repressão dos indivíduos e, por outro lado, por uma mitigação do funcionamento do poder.

O modelo disciplinar foi, provavelmente, em parte construído a partir da experiência que Foucault realizou, de 1971-1972 em diante, dentro do Grupo de Informação sobre as Prisões (GIP). No entanto, não se pode negar que, entre a publicação de *Vigiar e punir* (1975) e os cursos no Collège de France de 1978 a 1979, Foucault começa a trabalhar com outro modelo de aplicação do poder, o controle, o qual trabalha tanto com a descrição da interiorização da norma quanto com a descrição da estrutura reticular das técnicas de assujeitar, com a gestão das "populações" e com as técnicas de si. Essa passagem de uma leitura disciplinar da história moderna a uma leitura "contemporânea" do controle social correspondeu, no fim da década de 1970, a um claro compromisso em benefício daquilo que Foucault chamava de uma "ontologia da atualidade".

---

3   Ibidem.

Descontinuidade

O tema da descontinuidade, ou seja, tanto o tema da recusa de uma representação continuísta e linear da história quanto, de um modo mais amplo, o tema dos modelos epistemológicos que fazem da continuidade uma garantia da coerência, se encontra no cerne do trabalho de Foucault. Essa recusa se apresenta sob quatro diferentes determinações, uma vez que, desde o início da década de 1960, ela pede empréstimos às formulações literárias e às filosóficas, epistemológicas ou historiográficas. No primeiro caso, é o trabalho com literatos (contemporâneos, como Thibaudeau, ou antigos, como Raymond Roussel ou Jules Verne) que permite descobrir a riqueza e a novidade das figuras do inacabado, da transição, da interrupção ou da suspensão, quer dizer, de todos os procedimentos literários que retomam o questionamento da unidade e da linearidade tradicionais da narrativa. No segundo caso, é a referência central a Nietzsche – um Nietzsche mais da escrita fragmentada e da intempestividade histórica do que um Nietzsche da vontade de poder ou do eterno regresso: a leitura foucaultiana é aqui perfeitamente seletiva – que permite afirmar o valor filosófico e o peso crítico da noção de descontinuidade: o descontínuo nietzschiano é a narrativa dos acidentes, das digressões, das bifurcações, das reviravoltas, dos acasos e dos erros que mantêm "aquilo que ocorreu na dispersão que lhe é própria".[1] E, uma vez aplicado à história, o descontínuo caracteriza amplamente o método genealógico: "A história se tornará 'efetiva'

---

1 Nietzsche, a Genealogia, a História. In: *Ditos e escritos – arqueologia das ciências e história dos sistemas de pensamento*. Rio de Janeiro: Forense Universitária, 2004, v. II, p. 261.

Descontinuidade   **39**

na medida em que introduzir o descontínuo em nosso próprio ser".[2]
No terceiro caso, é a reivindicação explícita de uma filiação que diz respeito a G. Canguilhem, que é posta sob o signo da descontinuidade, enquanto ideia preconcebida de método:

> "Retomando esse mesmo tema elaborado por Koyré e Bachelard, Georges Canguilhem; insiste no fato de que a descoberta das descontinuidades não é, para ele, nem um postulado, nem um resultado: mas antes uma "maneira de fazer", um procedimento que forma um conjunto indissolúvel com a história das ciências, pois ela é convidada pelo próprio objeto que terá de abordar".[3]

Ora, Foucault define o tempo da história com a qual trabalha da mesma maneira que Canguilhem define o tempo da história das ciências: ele é, simultaneamente, distinto do tempo abstrato das próprias ciências e profundamente diferente do tempo da história erudita dos historiadores – porque tanto uns como outros afirmam, na verdade, a necessidade de um *continuum* absoluto e precisam considerar a história como um processo linear isento de qualquer ruptura. Contra essa "idealização" do curso da história, a restituição das transições e das rupturas – a qual passa no trabalho de Foucault por um lento trabalho de periodização – se esboça, portanto, simultaneamente um método (a introdução de recortes epistêmicos na história) e um objeto (uma história concebida como genealogia das descontinuidades que se sucederam com o tempo). Por fim, a quarta determinação da ideia de descontinuidade toma o contorno de uma redefinição da prática dos historiadores e reivindica seu parentesco com aquilo que Foucault qualifica, desde "1967", como "nova história",[4] ou seja, basicamente com a historiografia da Escola dos Anais.

O problema da descontinuidade, longe de representar apenas uma chave da metodologia foucaultiana, também diz respeito à própria obra de Foucault e à atenção que lhe conferimos. Será preciso examinar num percurso complexo que cobre trinta anos de prática

---

2   Ibidem.

3   Introdução à edição americana de CANGUILHEM, G. *Normal et le pathologique*, op. cit., nota 18.

4   Sobre as Maneiras de Escrever a História. In: *Ditos e escritos: arqueologia das ciências e história dos sistemas de pensamento*. Rio de Janeiro: Forense Universitária, 2004, v. II, p. 62.

do pensamento, interessando-se – simultânea ou sucessivamente – por objetos diferentes e por campos variados, utilizando conceitos e abordagens diversas e variáveis, reivindicando modificações plenas e reorientações, um único e mesmo projeto, linear e contínuo? Será preciso, pelo contrário, determinar vários períodos, como vários Foucault de acordo com os momentos – um Foucault inicial, ainda fenomenólogo, depois um Foucault da literatura e da linguagem, em parte ligado ao estruturalismo, um Foucault da analítica dos poderes, na década de 1970, e, por fim, um Foucault que analisa os modelos de subjetivação e reorienta sua reflexão à dimensão ética?

Desse ponto de vista, a aplicação a Foucault de seu próprio conceito de descontinuidade poderia oferecer uma terceira alternativa a essas duas leituras: um percurso que não se deveria considerar como linear e unitário, nem, em contraposição, como uma sucessão de momentos separados e autônomos, estranhos – e mesmo contraditórios – entre si, mas como um único movimento de pesquisa cujo motor interno seria a reproblematização incessante dos conceitos e dos paradigmas e a reformulação das questões. Parece que esse "movimento do pensamento" seria, então, a garantia de que nunca mais a pesquisa precisaria ceder à reintegração na ordem do discurso e nos dispositivos de saber/poder dos quais ela produziu tão brilhantemente a análise: em suma, um trabalho cuja descontinuidade interna seria tanto o fecho da coerência quanto o código da resistência.

Discurso

O discurso geralmente designa, na obra de Foucault, um conjunto de enunciados que podem pertencer a campos diferentes, mas que obedecem, apesar de tudo, a regras de funcionamento comuns. Essas regras não são apenas linguísticas ou formais, mas reproduzem uma série de divisões historicamente determinadas (por exemplo, a grande divisão razão/desrazão): a "ordem do discurso" própria de um período particular possui, portanto, uma função normativa e reguladora e estabelece mecanismos de organização do real por meio da produção de saberes, de estratégias e de práticas.

O interesse de Foucault pelos "planos discursivos" foi imediatamente duplo. Por um lado, tratava-se de analisar as marcas discursivas, procurando isolar leis de funcionamento independentes da natureza e das condições de enunciação, o que explica o interesse de Foucault, na mesma época, pela gramática, pela linguística e pelo formalismo:

> "Era original e importante o fato de relatar que aquilo que se fazia com a linguagem – poesia, literatura, filosofia, discurso em geral – obedecia a um conjunto de leis ou de regularidades internas: as leis e as regularidades da linguagem. O caráter linguístico dos acontecimentos de linguagem foi uma descoberta muito importante".[1]

Por outro lado, tratava-se de descrever a transformação dos modelos de discurso nos séculos XVII e XVIII, isto é, de historicizar os procedimentos de identificação e de classificação próprios desse período: nesse sentido, a arqueologia foucaultiana dos discursos

---

1 *A verdade e as formas jurídicas.* Op. cit., nota 38.

não se apresenta mais como uma análise linguística, mas como um exame das condições de emergência de dispositivos discursivos, que podem apoiar práticas (como em *História da loucura*) ou engendrá-las (como em *As palavras e as coisas* ou em *A arqueologia do saber*). Nesse sentido, Foucault substitui ao par saussuriano língua/fala duas oposições que ele manipula alternativamente: o par discurso/linguagem, no qual o discurso é, paradoxalmente, aquilo que é renitente à ordem da linguagem em geral (é, por exemplo, o caso do "esoterismo estrutural" de Raymond Roussel) –; é preciso observar que o próprio Foucault anulará a oposição, intitulando sua aula inaugural, no Collège de France, como *A ordem do discurso,* em 1971 – e o par discurso/fala, no qual o discurso se torna o eco linguístico da articulação entre saber e poder e no qual a fala, como entidade subjetiva, encarna, em contraposição, uma prática de resistência à "objetivação discursiva".

O aparente abandono do tema do discurso após 1971, em benefício de uma análise das práticas e das estratégias, corresponde ao que Foucault descreve como a passagem de uma arqueologia a uma "dinástica do saber": não somente a descrição de um regime de discursividade e de sua eventual transgressão, mas também a análise "da relação que existe entre esses grandes modelos de discurso e as condições históricas, as condições econômicas, as condições políticas de seu surgimento".[2] Ora, esse deslocamento, que, na realidade, volta a problematizar a passagem metodológica da arqueologia à genealogia, também permite apresentar o problema das condições de *desaparecimento* dos modelos de discurso: portanto, o tema das práticas de resistência, onipresente em Foucault a partir da década de 1970, possui, na verdade, uma origem discursiva.

---

2   Da Arqueologia à Dinástica. In: *Ditos e escritos: estratégia, poder-saber.* Rio de Janeiro: Forense Universitária, 2003, v. IV, p. 49.

Dispositivo

O termo "dispositivo" surge em Foucault na década de 1970 e designa inicialmente operadores materiais do poder, isto é, técnicas, estratégias e formas de assujeitar desenvolvidas pelo poder. A partir do momento em que a análise foucaultiana se concentra na questão do poder, o filósofo insiste na importância de não tratar "do edifício jurídico da soberania, em torno dos aparelhos do Estado, em torno das ideologias que o acompanham[1]", mas dos mecanismos de dominação: é essa escolha metodológica que engendra a utilização da noção de "dispositivos". Eles são, por definição, de natureza heterogênea: trata-se tanto de discursos quanto de práticas, tanto de instituições quanto de táticas instáveis: é assim que Foucault conseguirá falar, de acordo com o caso, de "dispositivos de poder", de "dispositivos de saber", de "dispositivos disciplinares", de "dispositivos de sexualidade" etc.

O surgimento do termo "dispositivo" no vocabulário conceitual de Foucault está provavelmente ligado a seu uso por Deleuze e Guattari em *O anti-Édipo* (1972): é, ao menos, o que leva a entender o prefácio que Foucault escreve em 1977 para a edição americana do livro, visto que ele aí observa "as noções aparentemente abstraídas de multiplicidades, de fluxos, de dispositivos e de ramificações".[2] Mais tarde, o termo receberá uma acepção, ao mesmo tempo, cada

---

1   Genealogia e Poder. In: *Microfísica do poder*. Organização, introdução e revisão técnica de Roberto Machado. Rio de Janeiro: Edições Graal, 1999, p. 94.
2   Prefácio (Anti-Édipo). In: MOTTA, Manoel Barros da (Org.). *Ditos e escritos – repensar a política*. Tradução de Ana Lúcia Paranhos Pessoa. Rio de Janeiro: Forense Universitária, 2004, v. VI.

vez mais ampla (embora, no início, Foucault utilize apenas a expressão "dispositivo de poder") e cada vez mais precisa, até constituir o objeto de uma teorização completa depois de *A vontade de saber* (1976), em que a expressão "dispositivo de sexualidade" é central: um dispositivo é

> "um conjunto decididamente heterogêneo, o qual abrange discursos, instituições, planejamentos arquiteturais, decisões regulamentares, leis, medidas administrativas, enunciados científicos, propostas filosóficas, morais, filantrópicas, resumindo: o dito e o não dito [...]. O próprio dispositivo é a rede que se pode estabelecer entre esses elementos".[3]

O problema é, então, para Foucault, examinar tanto a natureza dos diferentes dispositivos com que ele se depara quanto sua função estratégica.

Na verdade, a noção de dispositivo substitui pouco a pouco a noção de *epistema*, empregada por Foucault especialmente em *As palavras e as coisas* e até o fim da década de 1960. Com efeito, a *epistema* é um dispositivo especificamente discursivo, ao passo que o "dispositivo", com o sentido empregado por Foucault dez anos mais tarde, compreende igualmente instituições e práticas, quer dizer, "todo o social não-discursivo".[4]

---

3 Sobre a história da sexualidade. In: *Microfísica do poder*. Rio de Janeiro: Edições Graal, 1999, p. 137.
4 Ibidem.

Reclusão

Existem dois tratamentos do tema do encarceramento em Foucault. O primeiro, estritamente arqueológico, consiste em tentar traçar uma história do encarceramento, isto é, a história de um gesto de segregação cuja vocação e (a) utilidade social passam por transformações profundas ao longo do tempo. O segundo, no início da década de 1970, leva, em contrapartida, o filósofo a refletir sobre o encarceramento e a condição penitenciária nos dias de hoje, sendo acompanhado de um discurso simultaneamente político e teórico, na época de sua participação no Grupo de Informação sobre as Prisões (GIP). No primeiro caso, três momentos essenciais são destacados. Na Idade Clássica, o encarceramento serve tanto para fixar espacialmente indivíduos, cuja mobilidade espacial se torna inquietante para uma sociedade em franca urbanização, quanto para explicar os motivos dessa fixação do ponto de vista do saber: "Foi uma espécie de encarceramento socioeconômico de pessoas que não se enquadravam diretamente na alçada da lei penal, as quais não eram infratoras, mas simplesmente vagabundos, andarilhos, agitadores etc".[1] Enquanto a Idade Média utilizava a prisão como um simples local de reclusão passageira, isto é, como a antecâmara do tribunal ou o local de espera do veredicto (a liberdade ou a morte), a Idade Clássica faz do encarceramento em geral (tanto em prisões como em hospitais, tanto em hospícios como em asilos) simplesmente um instrumento de organização da sociedade:

---

1   Sobre o Internamento Penitenciário. In: *Ditos e escritos: estratégia, poder-saber*. Rio de Janeiro: Forense Universitária, 2003, v. IV, p. 68.

"Em toda a Europa, o internamento possui o mesmo sentido, se, ao menos, o considerarmos em sua origem. Ele compõe uma das respostas dadas pelo século XVII a uma crise econômica que atinge todo o mundo ocidental em sua totalidade: queda dos salários, desemprego, desaparecimento da moeda".[2]

Num segundo momento, a partir do século XIX, o encarceramento se torna um dos dispositivos por meio dos quais se disciplinavam os homens, ou seja, para corrigir e coibir seus corpos a fim de torná-los produtivos:

"Para que o homem transforme seu corpo, sua existência e seu tempo em força de trabalho e a coloque à disposição do aparelho de produção que o capitalismo procurava pôr em funcionamento, foi preciso todo um aparelho de repressões: e parece-me que todas essas repressões, que atingem o homem desde a creche e a escola, conduzem-no ao asilo passando pelo quartel, ameaçando-o [...] de prisão ou de levá-lo ao hospital psiquiátrico, são produtos de um mesmo sistema de poder".[3]

Por fim, nos dias de hoje, a constatação da continuidade da extrema crueldade de um encarceramento, considerado mais como uma punição do que como uma reabilitação, e da continuidade de seu caráter, desde então, totalmente antieconômico, leva Foucault a uma crítica radical das instituições de confinamento e, em particular, da prisão. É a partir dessa constatação que ele vai desenvolver, por outro lado, sua própria atividade militante no GIP.

Na verdade, a periodização estabelecida por Foucault desloca-se ligeiramente, a partir de 1973, e corresponde simultaneamente à elaboração daquilo que se tornará, em 1975, *Vigiar e punir*, e às primeiras formulações do tema da biopolítica e de sua relação com o liberalismo. Todo o problema é saber se o encarceramento dos homens corresponde a uma necessidade da ordem social ou a uma exigência produtiva. Num primeiro momento, o recorte entre a Idade Clássica e o século XIX parece corresponder, com exatidão, a esse desloca-

---

2   *A história da loucura na Idade Clássica*. Tradução de José Teixeira Coelho Neto. 5ª ed. São Paulo: Perspectiva, 1997.

3   Prisions et révoltes dans les prisions (entrevista com Bodo Morawe). In: *Dokumente: Zeitschrift für übernationale Zusammenarbeit*, 29º ano, junho de 1973, p. 133-137. Retomado em *Dits et écrits*. Paris: Gallimard, 1994, v. 2, texto nº 125, p. 431.

mento; porém, num segundo momento, Foucault parece atribuir um valor produtivo ao encarceramento apenas ao Renascimento (fim do século XVIII) e descreve, de uma maneira oposta, o século XIX como um século que separa os indivíduos produtivos (o proletariado) dos indivíduos social e politicamente perigosos, aprisionando-os em locais que são, pelo contrário, os da própria improdutividade: "No início do século XIX, [...] eles dão aos detentos trabalhos infrutíferos, inutilizáveis no circuito econômico, do lado de fora da prisão, e os mantêm à margem da classe trabalhadora".[4] Essa estratégia de divisão tem por objetivo impedir o que Foucault chama, por outro lado, de "proletarização da plebe". Ela será substituída por outras estratégias que logo irão completar o encarceramento – por exemplo, a utilização do endividamento dos trabalhadores como meio de controle social e político do proletariado.

A participação de Foucault no GIP não é apenas fundamentada na vontade de denunciar o escandaloso estado de desleixo das prisões francesas, ou de obter uma melhoria das condições de vida dos detentos: tanto num caso como no outro, com efeito, essa participação nada mais seria do que uma simples pretensão reformista. O trabalho do GIP deseja, pelo contrário, criar as condições de uma *re-subjetivação* dos detentos, torná-los novamente sujeitos de sua própria vida por meio da luta que eles empreendem – as dimensões da subjetivação e do conflito estão aqui intimamente ligadas:

> "Com frequência, dizem que somos reformistas. Mas, de fato, o reformismo se define pela maneira por meio da qual se obtém o que se quer, ou pela qual se procura obter aquilo que se deseja. A partir do momento em que nos impomos por meio da força, da luta, da luta coletiva, por meio de enfrentamento político, isso não é uma reforma, é uma vitória".[5]

---

4   Sobre o Internamento Penitenciário. Op. cit., nota 66.
5   Ibidem.

Epistema

O termo *"epistema"* se encontra no centro das análises de *As palavras e as coisas* (1966) e abriu espaço a inúmeros debates, na medida em que a noção é, simultaneamente, diferente da noção de "sistema" – que Foucault praticamente nunca utilizava antes que sua cadeira no Collège de France fosse, a seu pedido, em 1971, rebatizada como "cadeira de história dos sistemas de pensamento – e da noção de 'estrutura'". Por *epistema*, Foucault designa, na verdade, um conjunto de relações que ligam diferentes modelos de discursos e correspondem a uma dada época histórica: "são todos esses fenômenos de relações entre as ciências ou entre os diferentes discursos científicos que constituem aquilo que eu chamo de *epistema* de uma época".[1]

Os mal-entendidos engendrados na década de 1960 pelo uso da noção se devem a duas razões: por um lado, interpreta-se a epistema como um sistema unitário, coerente e fechado, ou seja, como uma coerção histórica, que implica uma sobredeterminação rígida dos discursos; e, por outro lado, intima-se Foucault (é acusado de abordar) a prestar contas de seu relativismo histórico, ou seja, de explicar a ruptura epistêmica e a descontinuidade que a passagem de uma epistema a outra necessariamente implica. Quanto ao primeiro ponto, Foucault responde que a epistema de uma época não é

> "a soma de seus conhecimentos, ou o estilo geral de suas pesquisas, mas a digressão, as distâncias, as oposições, as diferenças, as rela-

---

1 Les problèmes de la culture. Un débat Foucault-Preti. In: *Il Bimestre*, nº 22-23, setembro-dezembro de 1972. Retomado em *Dits et écrits*. Paris: Gallimard, 1994, v. 2, texto nº 109.

ções de seus múltiplos discursos científicos: a epistema não é uma espécie de grande teoria subjacente, ela é um espaço de dispersão, é um campo aberto [...] a epistema não é um recorte de história comum a todas as ciências; ela é um jogo simultâneo de remanências específicas".[2]

Mais do que um modelo geral da consciência, Foucault descreve, portanto, um feixe de relações e de decalagens: não um sistema, mas a proliferação e a articulação de múltiplos sistemas que remetem uns aos outros. Quanto ao segundo ponto, Foucault reivindica, por meio do emprego da noção, a substituição da questão abstrata da modificação (particularmente viva à época, entre os historiadores) pela questão dos "diferentes modelos de transformação: "substituir, em outras palavras, o tema do devir (forma geral, elemento abstrato, causa primeira e efeito universal, mistura confusa do idêntico e do novo) pela análise das *transformações* em sua especificidade".[3]

O abandono da noção de *epistema* corresponde à mudança de direção do interesse de Foucault, de objetos estritamente discursivos para realidades não discursivas – práticas, estratégias, instituições etc.:

> "Em *As palavras e as coisas*, pretendendo traçar uma história da *epistema*, eu caí num impasse. Agora, o que eu desejaria fazer é procurar mostrar que aquilo que eu chamo de dispositivo é um caso muito mais amplo da *epistema*. Ou melhor, que a *epistema* é um dispositivo especificamente discursivo, em oposição ao dispositivo que é discursivo e não discursivo, sendo que seus elementos são muito mais heterogêneos".[4]

---

2   Réponse à une question. In: *Esprit*, nº 37, maio de 1968. Retomado em *Dits et écrits*. Paris: Gallimard, 1994, v. I, texto nº 58. As palavras em itálico são destacadas por Foucault.

3   Ibidem.

4   Sobre o Internamento Penitenciário. Op. cit., nota 66.

Espaço

A obra de Foucault está completamente situada sob o signo da história, e só alguns textos, em trinta anos de reflexão, parecem abordar de maneira direta o problema do espaço. Na verdade, a relação com o espaço suscitou em Foucault três grandes modelos de enunciado. Uma primeira série de intervenções apresenta o problema do espaço através de uma reflexão sobre o encarceramento (sob a forma das análises sucessivas dedicadas ao asilo, ao hospital, à prisão) e desenvolve, paralelamente, uma reflexão sobre a organização do espaço dos saberes, do qual a hierarquização, a distribuição e a clara delimitação imitam, na verdade, de maneira imaterial e totalmente paralela, a materialidade das paredes, das cercas e dos procedimentos de afastamento. Na década de 1960, todo o pensamento de Foucault é assim articulado segundo uma oposição entre o interior e o exterior, entre a inclusão e a exclusão, da qual o extraordinário comentário das *Meninas* de Velásquez, na abertura de *As palavras e as coisas*, em 1966, permanece o símbolo: o espaço da pintura é o espaço da representação, pois nada escapa ao poder totalizador da representação. Não há exterioridade na pintura, assim como não há, teoricamente, exterioridade no poder da racionalidade ou nas taxonomias da ciência. O espaço é, portanto, o lugar onde atuam tanto a economia dos poderes quanto a economia dos saberes: no cruzamento dessas duas dimensões, a figura do "pan-óptico", na década de 1970, acabará de construir a ideia do espaço como campo de verificação dos dispositivos de saber-poder. No entanto, uma segunda série de intervenções, à margem da primeira, desenvolve muito cedo análises em franca contradição com esta última: nesse campo de verificação, o espaço não é mais associado ao poder, à distribuição das categorias, ou à medida do distanciamento que permite à norma exercer sua dominação sobre aquilo que ela designa como seu outro (o anormal, o patológico), porém é identificado com a transgressão e a resistência. As duas figuras sucessivas "do limite" a ser transgredido (tirada de Bataille) e do "exterior" que destaca o desaparecimento do "Eu falo" (tirada de Blanchot) explicam, tanto uma como a outra, o espaço do simulacro, da bifurcação e da metamorfose; aliás, elas serão retomadas em outro trecho por meio da imagem do labirinto – frequentemente utilizada a respeito da escrita de Raymond Roussel –, pois o limite

> "não isola duas partes do mundo: um sujeito e um objeto, ou as coisas diante do pensamento; ele é, antes, a ligação universal, a surda, laboriosa e instantânea ligação por meio da qual tudo se vincula e se desvincula, por meio da qual tudo surge, cintila e se apaga, por meio da qual, no mesmo movimento, as coisas se sucedem e desaparecem".[1]

Uma terceira série de discursos apresenta, enfim, o problema do espaço como tal, através das reflexões específicas sobre o espaço urbano e sua organização, os fenômenos migratórios ou a colonização, isto é, ela procura conjugar o problema da mobilidade dos homens, o tema da produção (ou da captação da produção) e o tema da gestão das populações, em uma abordagem simultaneamente mais política e mais sociológica.

Em um texto de 1964, Foucault observa:

> "Escrever, durante séculos, ordenou-se ao tempo. [...] O século XX é talvez a época em que se desfazem tais parentescos. [...] O que não nos condena ao espaço, como única outra possibilidade, por demais negligenciada, porém revela que a linguagem é (ou, talvez, se tornou) algo do espaço. [...] E, se o espaço é, hoje em dia a mais obcecante das metáforas, não é porque ele oferece daí em diante o único recurso; mas é no espaço que inicialmente a linguagem se desdobra, se desloca sobre si, determina suas escolhas, desenha suas figuras e suas translações".[2]

---

1   Distância, Aspecto, Origem. In: *Ditos e escritos: estética – literatura e pintura, música e cinema*. Rio de Janeiro: Forense Universitária, 2003, v. III, p. 60.

2   Le langage et l'espace. In: *Critique*, nº 203, abril de 1964, p. 378-382. Retomado em *Dits et écrits*. Paris: Gallimard, 1994, v. 1, texto nº 24, p. 407.

52 Dicionário Foucault | Judith Revel

Na década de 1960, sua posição se constrói a partir de dois pressupostos parcialmente ligados: existe um privilégio do campo linguístico, e o campo linguístico está intimamente ligado a uma espacialização da qual Foucault, mais adiante, citará as figuras: "a digressão, a distância, o intermediário, a dispersão, a fratura, a diferença[3]." Na verdade, essas figuras são sistematicamente utilizadas por Foucault para descrever a estranha linguagem desses "transgressores" ou desses "passadores de limite" pelos quais ele se interessa então (Roussel, Nerval, Klossowski, alguns escritores do Novo Romance e/ou colaboradores da revista *Tel Quel* etc.): a metaforização espacial parece, portanto, exprimir, exclusivamente, num primeiro momento, a possibilidade desse "esoterismo estrutural" que, sem dúvida nenhuma, fascina o filósofo. Pouco importa, então, que o grande encarceramento seja também, de maneira bem menos metafórica, uma história de espaço: onde o espaço serve ao poder, ele não é considerado como tal. O único espaço que vale é, ao mesmo tempo, metafórico e resistente aos procedimentos de ordem.

É somente na década de 1970, com o desaparecimento do tema do exterior (do qual Foucault não deixará, desde então, de denunciar o caráter mítico), que o espaço é novamente descrito como espaço de poder – uma vez que é por meio dele que se desdobram os dispositivos de controle, os diagramas de força, os esquadrinhamentos e as repartições, os locais e a organização de todo um trabalho de vida que Foucault chamará logo de biopolítica. A partir dessa nova formulação da centralidade do espaço, o pan-óptico oferece então uma imagem extremamente forte; de modo mais concreto, a atenção dada ao alcance da organização do espaço social, ao papel disciplinar dos arquitetos e dos urbanistas – cuja genealogia Foucault tenta estabelecer – possibilita estender a investigação para além da simples descrição das instituições clássicas da ordem e da coerção (a polícia, o Estado), após ter sido o local do desdobramento das taxonomias e das classificações – ou seja, a polícia e o Estado apresentam procedimentos de regulação, de gestão e de controle da vida dos próprios indivíduos. Desse modo, é inevitável procurar descrever os modelos da resistência em outros termos: de fato, nos últimos anos, é através das noções temporais que Foucault procura explicar

---

3   Ibidem.

o que descrevia outrora como uma "bifurcação" ou um "exterior": o "acontecimento", a "descontinuidade", a "revolta". Outros, em compensação, continuarão a representá-lo espacialmente: pensamos, por exemplo, em Deleuze e na figura da "dobra", mas também na identificação de Foucault com um "cartógrafo".

Estética (da existência)

O tema de uma "estética da existência" apresenta-se muito nitidamente em Foucault à época do lançamento dos dois últimos volumes da *História da sexualidade*, em 1984. Foucault realiza, com efeito, a descrição de dois modelos de moral radicalmente diferentes, uma moral greco-romana voltada para a ética, a qual consiste em *fazer de sua vida uma obra de arte*, e uma moral cristã, que, pelo contrário, consiste em basicamente obedecer a um código:

> "E se eu me interessei pela Antiguidade foi porque, por toda uma série de razões, a ideia de uma moral como obediência a um código de regras está, neste momento, desaparecendo, já desapareceu. E a essa ausência de moral corresponde, tem de corresponder uma pesquisa que é pesquisa de uma estética da existência".[1]

Os temas da estética e da estética da existência estão, portanto, estreitamente ligados.

A "estética" da existência ligada à moral antiga marca em Foucault o retorno ao tema da invenção de si (*fazer de sua vida uma obra de arte*): uma problematização à qual ele já havia chegado implicitamente em uma série de textos "literários" na década de 1960 (por exemplo, em *Raymond Russel*, mas também nas análises dedicadas a Brisset e Wolfson), a qual ele retoma vinte anos mais tarde através de uma dupla série de discursos. A primeira, no interior da *História da sexualidade*, está basicamente ligada à problematização da ruptura que representa a "pastoral cristã" em relação à ética gre-

---

1 Uma Estética da Existência. In: *Ditos e escritos – ética, sexualidade, política*. Rio de Janeiro: Forense Universitária, 2004, v. V, p. 288.

Estética (da existência)   55

ga; a segunda passa, em contrapartida, pela análise da "atitude da modernidade" (por meio da retomada do texto kantiano a respeito das Luzes) e faz da invenção de si uma das características dessa atitude: a modernidade não é somente a relação com o presente, mas a relação com o si, na medida em que "ser moderno não é aceitar a si mesmo tal como se é no fluxo das situações que ocorrem, é tomar a si mesmo como objeto de uma elaboração complexa e difícil: o que Baudelaire chama, segundo o vocabulário da época, de *dandismo*".[2] Portanto, a estética da existência é, ao memo tempo o que Foucault destaca fora da esfera de influência da Igreja cristã (temporalmente: o retorno aos gregos; espacialmente: o interesse contemporâneo de Foucault pelo zen e pela cultura japonesa) e o que deve, novamente, caracterizar a relação que mantemos com nossa própria atualidade.

O tema da estética da existência como produção inventiva de si não marca, contudo, um retorno à figura do sujeito soberano, fundador e universal, nem a um abandono do campo político: "eu acredito que, pelo contrário, o sujeito se constitui através das práticas de sujeição ou, de uma maneira mais autônoma, através das práticas de liberação"[3]. A estética da existência, na medida em que é uma prática ética de produção de subjetividade, é tanto assujeitada quanto resistente: é, assim, um gesto eminentemente político.

---

2   What is Enlightenment? Op. cit. nota 3.
3   Uma Estética da Existência. Op. cit., nota 78.

Estado

O Estado é, desde muito cedo, cuidadosamente diferenciado por Foucault do poder, na medida em que a teoria do Estado, tal como foi particularmente formulada pelo pensamento político moderno, não é para ele senão uma expressão possível – e historicamente datada – das formas que puderam tomar as relações de poder. Essa disjunção Estado/poder atua simultaneamente em três níveis do pensamento foucaultiano: é necessário realizar a genealogia das teorizações do político e das relações de poder antes da Idade Moderna; também é extremamente útil perguntar-se quais são hoje em dia as relações de poder às quais estamos sujeitos (inclusive nos perguntando se não estamos saindo progressivamente de uma economia moderna dos poderes); é importante, por fim, no interior da própria modernidade, restituir à analítica dos poderes uma complexidade que não se reduz à figura única do Estado e que implica, pelo contrário, a atualização de micropoderes, de dispositivos extremamente finos e de estratégias que abrangem, com frequência, espaços que se consideram tradicionalmente exteriores ao político (a família, a saúde, a escola etc.). Assim como o especifica Foucault nesse momento:

> "É verdade que o Estado me interessa, mas só me interessa diferencialmente. Eu não acredito que o conjunto dos poderes, que são exercidos no interior de uma sociedade – e que garantem nessa sociedade a hegemonia de uma classe, de uma elite ou de uma casta – se resuma completamente ao sistema do Estado. O Estado, com seus grandes aparelhos judiciários, militares e outros, representa apenas a garantia, a armação de toda uma rede de poderes que passa por outros canais, diferentes dessas vias principais. Meu

Estado **57**

problema é efetuar uma análise diferencial dos diferentes níveis de poder dentro da sociedade".[1]

A partir de 1972, Foucault experimenta uma genealogia da soberania que também é a tentativa de ler a emergência política do Estado na história do Ocidente, que resultará, três anos mais tarde, nos cursos no Collège de France *É Preciso Defender a Sociedade* (1975-1976) e *A Governamentalidade* (1977-1978). Num primeiro momento, por ocasião de uma oposição dual entre o modelo maquiaveliano do *Príncipe* e o surgimento, a partir do século XVI, das "artes de governar", trata-se de demonstrar que se abandona progressivamente a representação de um poder transcendente fundado por Deus e encarnado na figura do Príncipe – cujo único problema é exatamente manter esse poder – para ir em direção à construção de uma verdadeira *Política de Estado*: "O Estado se governa segundo as leis que lhe são próprias, as quais não se deduzem apenas das leis naturais ou divinas, nem dos preceitos de sabedoria ou de prudência: o Estado, assim como a natureza, possui sua própria racionalidade[2]." Num segundo momento, a análise se concentrará nas modificações do poder na Idade Moderna e na maneira pela qual passamos de uma centralidade estatal basicamente fundada no "Estado territorial", isto é, numa relação com o espaço e com as fronteiras, a um "Estado de população" que também implica o estabelecimento de um controle capilar e difuso com o objetivo de governar os indivíduos tanto individualmente quanto coletivamente. No primeiro caso, o Estado obedece a um ideal que não é muito diferente da lógica panóptica e que implica a criação de uma estrutura administrativa poderosa; no segundo caso, ele se curva às necessidades econômicas e procura dispor de uma força de trabalho dócil a fim de acompanhar o progresso da produção industrial. Essa docilidade produtiva implica um adestramento social que, por sua vez, torna necessário um investimento total da vida dos homens através dos microdispositivos de poder, da mesma maneira que torna possível uma relativa retirada

---

1   Entrevista com C. Bojunga e R. Lobo. Michel Foucault: O Filósofo Responde. Op. cit., nota 30.

2   A "Governamentalidade". In: *Ditos e escritos: – estratégia, poder-saber.* Rio de Janeiro: Forense Universitária, 2003, v. IV, p. 281.

do Estado em benefício de biopoderes ainda mais eficazes que não se apresentam mais como expressão de um Estado centralizado.

O tema do Estado é recorrente tanto quando Foucault faz alusão à revolução russa quanto ao fazer, de um modo mais amplo, alusão a Marx e aos marxistas. Com efeito a experiência soviética é censurada por ter feito tentado uma revolução que, na verdade, não abrangia a própria estrutura do Estado: "[...] os Soviéticos, se modificaram o regime da propriedade e o papel do Estado no controle da produção, no restante, simplesmente transferiram as técnicas de gestão desenvolvidas na Europa capitalista do século XIX para o seu país.[3]. E ainda: "[...] na prática real da política, nos processos revolucionários reais, a solidez, a continuidade do aparelho de Estado burguês até nos Estados socialistas é um problema que se observa[4]." Aos marxistas que lhe são contemporâneos e, em particular, a certos representantes da Escola de Frankfurt, ele culpa, por outro lado, por ter reduzido sua análise das relações de poder a uma crítica única do Estado e por ter deixado escapar os efeitos – de objetivação, decerto, mas também, paradoxalmente, de resistência e de subjetivação – induzidos pela passagem do paradigma do Estado soberano ao paradigma da governamentalidade.

---

3   Michel Foucault: Crimes e Castigos na URSS e em Outros Lugares. In: *Ditos e escritos:* – *estratégia, poder-saber.* Rio de Janeiro: Forense Universitária, 2003, v. IV, p. 189.

4   Da Arqueologia à Dinástica. Op. cit., nota 61.

Ética

Nos últimos volumes da *História da sexualidade*, Foucault distingue claramente entre o que é preciso entender por "moral" e o que significa "ética". A moral é, num sentido amplo, um conjunto de valores e de regras de ação que são propostos aos indivíduos e aos grupos por intermédio de diferentes aparelhos prescritivos (a família, as instituições educativas, as Igrejas etc.); essa moral gera uma "moralidade dos comportamentos", isto é, uma variação individual mais ou menos consciente em relação ao sistema de prescrições do código moral. Em compensação, a ética diz respeito à maneira pela qual cada um se constitui em si mesmo como sujeito moral do código: "Sendo dado determinado código de ações [...], há diferentes maneiras de "se conduzir" moralmente, diferentes maneiras para o indivíduo, em se tratando de proceder não só como agente, mas também como sujeito moral dessa ação".[1]

A toda ética corresponde a determinação de uma "substância ética", quer dizer, a maneira pela qual um indivíduo faz de uma ou de outra parte de si a substância principal de sua conduta moral; da mesma maneira, ela implica necessariamente um modo de assujeitamento, ou seja, a maneira pela qual um indivíduo estabelece uma relação com uma regra ou com um sistema de regras e sente a obrigação de aplicá-las. A ética greco-romana que descreve Foucault, em particular, no segundo volume da *História da sexualidade: o uso dos prazeres* tem como substância ética as *afrodisia*, e seu modo de assujeitamento é uma escolha pessoal estético-política (não se trata,

---

1   O Uso dos Prazeres e as Técnicas de Si. In: *Ditos e escritos – ética, sexualidade, política*. Rio de Janeiro: Forense Universitária, 2004, v. V, p. 192.

60 Dicionário Foucault | Judith Revel

ao mesmo tempo, de respeitar um código e de "fazer de sua vida uma obra de arte"). Pelo contrário, a moral cristã não gira em torno da cruz, mas em torno da obediência, não em torno das *afrodisia* (as quais são tanto o prazer quanto o desejo e os atos), mas em torno da "carne" (que põe de lado tanto o prazer como o desejo): com o cristianismo, "o modo de assujeitamento é, nos dias de hoje, constituído pela lei divina. E eu acredito que até a substância ética, por sua vez, se transforma: ela não é mais constituída pela *afrodisia*, mas sim pelo desejo, a concupiscência, pela carne etc."[2]

O termo ética surge pela primeira vez de maneira realmente significativa em 1977, em um texto sobre *O anti-Édipo* de Deleuze e Guattari: "Eu diria que *O Anti-Édipo* (que os seus autores me perdoem) é um livro de ética, o primeiro livro de ética que se escreveu na França há muito, muito tempo".[3] E é interessante constatar que Foucault caracteriza da mesma maneira, alguns anos mais tarde, sua própria *História da sexualidade*: "se, por *ética*, vocês entenderem a relação que tem um indivíduo consigo mesmo ao agir, então eu diria que ela tende a ser uma ética ou, pelo menos, a demonstrar o que poderia ser uma ética do comportamento sexual".[4] E um pouco mais além da sexualidade, o projeto de uma "ontologia crítica da atualidade" recebe, às vezes, a formulação de uma "política como uma ética": isso quer dizer que o interesse de Foucault pela ética na década de 1980, bem longe de ser o fim da problematização filosófica e histórica das estratégias do poder e de sua aplicação aos indivíduos, torna a propor a análise do campo político a partir da constituição ética dos sujeitos, a partir da produção de subjetividade.

---

2   FOUCAULT, Michel. *Uma Trajetória Filosófica: Para além do Estruturalismo e da Hermenêutica*. Op. cit., p. 272. nota 37.

3   Prefácio (*O anti-Édipo*). Op. cit., nota 63.

4   Uma entrevista de Michel Foucault para Stephen Riggins. In: *Ethos*, v. 1, nº 2, 1983. Retomado em *Dits et écrits*. Paris: Gallimard, 1994, v. 4, texto nº 336.

Acontecimento

Por acontecimento Foucault entende, primeiramente de maneira negativa, um fato para o qual algumas análises históricas se contentam em fornecer uma descrição. O método arqueológico foucaultiano procura, em contraposição, reconstituir por trás do fato toda uma rede de discursos, de poderes, de estratégias e de práticas. É, por exemplo, o caso do trabalho realizado no dossiê *Pierre Rivière*: "reconstituindo esse crime do exterior [...], como se fosse um acontecimento, e nada mais do que um acontecimento criminal, eu acredito que nos falta o essencial".[1] Não obstante, num segundo momento, o termo "acontecimento" começa a apresentar-se em Foucault de maneira positiva, como uma cristalização de determinações históricas complexas que ele opõe à ideia de estrutura: "Admite-se que o estruturalismo foi o esforço mais sistemático para eliminar não só da etnologia, mas também de toda uma série de outras ciências, e, em último caso, até mesmo da história, o conceito de acontecimento. Eu não vejo quem pode ser mais estruturalista do que eu[2]." O programa de Foucault torna-se, portanto, a análise das diferentes redes e níveis aos quais pertencem alguns acontecimentos. É, por exemplo, o caso quando lhe ocorre (de) definir o discurso como uma série de acontecimentos, questionando-se, de modo mais amplo, sobre o problema da relação entre "acontecimentos discursivos" e acontecimentos de outra natureza (econômicos, sociais, políticos, institucionais).

---

1 Entrevista com Michel Foucault. In: *Cahiers du cinéma*, nº 271, novembro de 1976. Retomado em *Dits et écrits*. Paris: Gallimard, 1994, v. 3, texto nº 180.

2 Verdade e Poder. In: *Microfísica do poder*. Rio de Janeiro: Edições Graal, 1999, p. 5.

62 Dicionário Foucault | Judith Revel

É a partir dessa posição de acontecimento, no centro de suas análises, que Foucault reivindica o status de historiador – talvez também porque, como ele mesmo observa, o acontecimento quase não foi uma categoria filosófica, exceto talvez entre os Estoicos: "O fato de eu considerar o discurso como uma série de acontecimentos nos coloca automaticamente na dimensão da história [...]. Não sou um historiador no sentido exato do termo, porém eu e os historiadores temos um interesse em comum pelo acontecimento [...]. Nem a lógica do sentido, nem a lógica da estrutura são pertinentes para esse tipo de pesquisa".[3] É, portanto, durante uma discussão com historiadores[4] que Foucault explica a definição da "acontecimentalização": não uma história acontecimental, mas a conscientização das rupturas de evidência induzidas por certos fatos. O que se trata, então, de demonstrar é a irrupção de uma "singularidade" desnecessária: o acontecimento que representa o encarceramento, o acontecimento do surgimento da categoria de "doenças mentais" etc.

A partir da definição de acontecimento como irrupção de uma singularidade histórica, Foucault desenvolve dois discursos. O primeiro consiste em dizer que nós repetimos sem saber os acontecimentos, "nós os repetimos em nossa atualidade, e eu procuro achar qual é o acontecimento sob cujo signo nascemos, e qual é o acontecimento pelo qual ainda continuamos a ser atravessados. A acontecimentalização da história deve, portanto, se estender de maneira genealógica por meio de uma acontecimentalização de nossa própria atualidade. O segundo discurso consiste precisamente na procura, em nossa atualidade, dos vestígios de uma "ruptura acontecimental" – traço que Foucault já encontra no texto kantiano dedicado às Luzes e nas reflexões a respeito da Revolução Francesa e que ele acredita encontrar durante a revolução iraniana, em 1979 – pois, provavelmente, aí está o valor de ruptura de todas as revoluções: "A revolução [...] correrá o risco de cair novamente no velho hábito, porém, como acontecimento, cujo próprio conteúdo é importante, sua existência atesta uma virtualidade permanente que não pode ser esquecida".[5]

---

3   Diálogo sobre o Poder. Op, cit., nota 13.
4   A Poeira e a Nuvem. In: *Ditos e escritos – estratégia poder-saber*. Rio de Janeiro: Forense Universitária, 2003, v. IV, p. 323.
5   O que São as Luzes? Op., cit., nota 3.

Experiência

A noção de experiência está presente ao longo de todo o percurso filosófico de Foucault, porém ela passa por importantes modificações ao longo dos anos. Se é verdade que, de modo geral, "a experiência é algo do qual se sai transformado",[1] Foucault se refere inicialmente a uma experiência que deve muito tanto a Bataille quanto a Blanchot: no cruzamento de uma experiência do limite e de uma experiência da linguagem considerada como "experiência do exterior", ele procura, com efeito, definir – em particular na área da literatura – uma experiência do ilimitado, do intransponível, do impossível, isto é, uma experiência que, na verdade, confronte a loucura, a morte, a noite ou a sexualidade, forjando no interior da linguagem seu próprio espaço de fala. Num segundo momento, de modo muito diverso, a experiência torna-se para Foucault a única maneira de distinguir a genealogia, simultaneamente, de uma abordagem empírica ou positivista e de uma análise teórica: se algumas problematizações nascem de uma experiência (por exemplo, a escrita de *Vigiar e punir* depois da experiência do Grupo de Informação sobre as Prisões e, de modo mais amplo, após 1968), é no sentido que o pensamento filosófico de Foucault é verdadeiramente uma *experimentação*: com efeito, nela pode-se observar o movimento de constituição histórica dos discursos, das práticas, das relações de poder e das subjetividades, e isso ocorre porque é estabelecendo-lhes a genealogia que a experiência sai de si mesma modificada: "Meu problema é o de reali-

---

1 Entrevista de Michel Foucault para Duccio Trombadori. Paris, fim de 1978. In: *Il Contributo*, 4º ano, nº 1, Salerne: 1980. Retomado em *Dits et écrits*. Paris: Gallimard, 1994, v. 4, texto nº 281.

64 Dicionário Foucault | Judith Revel

zar eu mesmo e convidar os outros a realizarem comigo, por meio de um conteúdo histórico determinado, uma experiência daquilo que nós somos, daquilo que não só é nosso passado, mas também nosso presente, uma experiência de nossa modernidade tal que dela saímos transformados".[2] Enquanto a experiência fenomenológica (à qual Foucault ainda se refere parcialmente em seus textos da década de 1950) procura, na verdade, "reaver a significação da experiência diária para descobrir em que o sujeito que sou é realmente fundador, em suas funções transcendentais, dessa experiência e dessas significações",[3] a referência a Nietzsche, a Bataille e a Blanchot permite, em contrapartida, definir a ideia de uma experiência limite que arranca o sujeito de si e lhe impõe sua fragmentação ou sua dissolução. Se Foucault identifica, por exemplo, em Breton a tentativa de percorrer uma série de experiências-limites, no entanto, ele censura os surrealistas por terem mantido tais experiências no espaço da psique, – é aí que a referência a Bataille torna-se essencial – uma vez que o fato de também ser construído a partir da eliminação do sujeito faz com que esse discurso da experiência como passagem ao limite não esteja, na verdade, tão distante das outras análises de Foucault durante a década de 1960: na realidade, ele atualiza o horizonte desenhado pelo final de *As palavras e as coisas* – o possível desaparecimento do homem ao mesmo tempo como consciência autônoma e como objeto de conhecimento privilegiado: "uma experiência está em vias de nascer onde o que está em jogo é o nosso pensamento; sua iminência, já visível, mas completamente vazia, ainda não pode ser nomeada".[4]

Se é verdade que a maior parte das análises de Foucault nasce de uma experiência pessoal – como ele próprio reconhece –, elas não podem, de maneira nenhuma, ser reduzidas a isso. Todo o problema parece ser, pelo contrário, encontrar a maneira de reformular a noção de experiência, ampliando-a para além do si (um si já maltratado pela crítica das filosofias do sujeito): a experiência é algo que

---

2   Ibidem.
3   Ibidem.
4   A Loucura, a Ausência da Obra. In: *Ditos e escritos: problematização do sujeito – psicologia, psiquiatria e psicanálise*. Rio de Janeiro: Forense Universitária, 2002, v. I, p. 210.

realizamos sozinhos, mas que só é plena na medida em que escapa à pura subjetividade; em outras palavras, outros podem cruzá-la ou atravessá-la novamente. Portanto, é a partir da década de 1970 que, no campo de uma prática coletiva – ou seja, no campo da política –, Foucault procura colocar o problema da experiência como momento de transformação: o termo é, então, associado tanto à resistência aos dispositivos de poder (experiência revolucionária, experiência das lutas, experiência da insurreição) quanto aos processos de subjetivação.

Loucura

O tema da loucura se encontra, certamente, no centro da *História da loucura* que Foucault publica em 1961: trata-se, na verdade, de analisar a maneira pela qual, no século XVII, a cultura clássica rompeu com a representação medieval de uma loucura tanto circulante (a figura da "nave dos loucos") quanto considerada como o local imaginário da passagem (do mundo ao além-mundo,[1] da vida à morte, do tangível ao secreto etc.). A Idade Clássica define, inversamente, a loucura a partir de uma divisão vertical entre a razão e a desrazão: ela constitui, portanto, a loucura não mais como aquela zona indeterminada que daria acesso às forças do desconhecido (a loucura como um *para além* do saber, ou seja, ao mesmo tempo como ameaça e como fascinação), mas como o Outro da razão segundo o discurso da própria razão. A loucura como desrazão é a definição paradoxal de um espaço preparado pela razão no interior de seu próprio campo para aquilo que ela reconhece como outro.

A narrativa dessa cisão fundadora de inclusão passa por um conjunto de procedimentos e de instituições que possuem uma história. No entanto, Foucault nunca teve o objetivo de traçar uma história do encarceramento ou do asilo, mas do discurso que constitui os loucos como objetos de saber – ou seja, desse estranho laço entre razão e desrazão que autoriza a primeira a produzir um discurso de saber

---

1 O conceito de "além-mundo" desenvolvido pelo filósofo Friedrich Nietzsche se opõe à concepção de um idealismo transcedente carregado de moral, a fim de criticar a existência de um mundo superior sobre a terra, como o céu, e qualquer outra forma de idealismo. (N.T.)

a respeito da segunda. Trata-se, por conseguinte, de traçar, antes de tudo, a história de um poder:

"O que estava implicado acima de tudo, nessas relações de poder, era o direito absoluto da não-loucura sobre a loucura. Direito transcrito em termos de competência que se exerce sobre a ignorância, de bom senso (de acesso à realidade) que corrige erros (ilusões, alucinações, fantasmas), da normalidade que se impõe à desordem e ao descaminho".[2]

Esse triplo poder constitui a loucura como objeto de conhecimento, e é por essa razão que é preciso, então, traçar a história das modificações dos discursos a respeito da loucura: do grande encarceramento – invenção de um local inclusivo de exclusão – ao surgimento de uma ciência médica da loucura (da "doença mental" à psiquiatria contemporânea), Foucault faz, na verdade, a genealogia de uma das possíveis faces dessa forma singular do poder-saber que é o conhecimento. Compreende-se então por que o discurso de Foucault foi rapidamente associado à antipsiquiatria de Laing e Cooper, de Basaglia, ou – mais tardiamente – ao *Anti-Édipo* de Deleuze e Guattari, quer dizer, a discursos que contestam o vínculo conhecimento/assujeitamento dentro da prática psiquiátrica: "É possível que a produção da verdade da loucura possa se efetuar em modelos que não sejam aqueles da relação de conhecimento?.[3] A leitura da história da loucura como história da constituição do poder-saber leva Foucault a empregar a figura do asilo como paradigma geral de análise das relações de poder na sociedade até o início da década de 1970. A passagem para outra formulação do poder permite, então, compreender o abandono relativo do tema da loucura em benefício do tema mais geral da medicalização (o controle como medicina social): não só porque enquanto o encarceramento só permitia observar o paradoxo espacial de um conhecimento trabalhando simultaneamente com a exclusão (espacial) e com a inclusão (discursiva), a figura do hospital explica a maneira pela qual, a partir do início do século XIX, o poder passa a gerenciar a vida (sob a forma de biopoderes); mas também porque Foucault abandona uma concepção puramen-

---

2   O Poder Psiquiátrico. In: *Resumo dos cursos do Collège de France (1970-1982)*. Rio de Janeiro: Jorge Zahar, 1997, p. 56.

3   Ibidem.

68 Dicionário Foucault | Judith Revel

te negativa do poder, "pareceu-me, a partir de certo momento, que era insuficiente, e isso ao longo de uma experiência concreta que eu pude realizar, a partir dos anos 1971-1972, a respeito das prisões".[4] Das pesquisas sobre a loucura às análises dos mecanismos de governamentalidade, o que está em jogo é, portanto, uma mudança de leitura das relações de poder.

Durante a década de 1960, o tema da loucura é geralmente cruzado com o tema da literatura e, de um modo mais amplo, com o tema da irredutibilidade de um certo tipo de fala que é, em geral, encarnado por três figuras superpostas: o louco (Hölderlin, Nerval, Nietzsche, Roussel, Artaud), o escritor (Sade, Hölderlin, Nerval, Mallarmé, Roussel, Breton, Bataille, Blanchot), o filósofo (Nietzsche – e o próprio Foucault?).

> "A literatura parece reencontrar sua vocação mais profunda quando se fortalece na linguagem da loucura. A mais elevada fala poética é a linguagem de Hölderlin, como se a literatura, para atingir a desinstitucionalização, para alcançar toda a medida da sua anarquia possível, fosse, em certos momentos, obrigada, ou melhor, tivesse de imitar a loucura, ou, melhor ainda, de se tornar literalmente louca".[5]

À margem das análises da *História da loucura,* a ideia de uma linguagem filosófica ou literária que tiraria da loucura sua irredutibilidade à ordem do discurso não é somente o resíduo fenomenológico de uma experiência crucial ou a retomada da experiência do limite que se encontra em Bataille: ela permite a Foucault problematizar, pela primeira vez, a ideia da resistência ao poder – um tema que se reencontrará, na década de 1970, formulado, de maneira diferente, no âmbito das análises políticas sob a forma de um discurso sobre a produção de subjetividade como "desassujeitamento", quer dizer, sob a forma de uma relação ética com o si.

---

4   Les rapports de pouvoir passent à l'intérieur des corps. Op. cit., nota 31.
5   A Loucura e a Sociedade. In: *Ditos e escritos: problematização do sujeito – psicologia, psiquiatria e psicanálise.* Rio de Janeiro: Forense Universitária, 2002, v. I, p. 259.

Genealogia

Desde a publicação de *As palavras e as coisas* (1966), Foucault qualifica seu projeto de uma arqueologia das ciências humanas mais como uma "genealogia nietzschiana" do que como uma obra estruturalista. É exatamente por ocasião de um texto a respeito de Nietzsche que Foucault retoma esse conceito: a genealogia é uma investigação histórica que se opõe ao "desdobramento meta-histórico das significações ideais e das indefinidas teologias",[1] o qual se opõe à unicidade da narrativa histórica e à busca da origem, e que procura, inversamente, a "singularidade dos acontecimentos à parte de qualquer finalidade monótona".[2] A genealogia trabalha, portanto, a partir da diversidade e da dispersão, do acaso dos princípios e dos acidentes: de forma alguma ela deseja voltar no tempo para restabelecer a continuidade da história, mas procura, em contraposição, restituir os acontecimentos em sua singularidade.

A abordagem genealógica não é, todavia, um simples empirismo:

> "Nem tampouco um positivismo, no sentido ordinário do termo: trata-se, com efeito, de aplicar saberes locais, descontínuos, desqualificados, não legitimados, contra a instância teórica unitária que aspiraria a filtrá-los, hierarquizá-los, ordená-los em nome de um conhecimento verdadeiro [...] As genealogias não são, portanto, recursos positivistas para uma forma de ciência mais atenta ou mais exata; as genealogias são, mais exatamente, *anticiências*".[3]

---

1   Nietzsche, a Genealogia, a História. Op. cit., nota 56.
2   Ibidem.
3   Verdade e Poder. Op. cit. nota 90.

70 Dicionário Foucault | Judith Revel

O método genealógico é uma tentativa de desassujeitar os saberes históricos, isto é, de torná-los capazes de se opor e de lutar contra "a ordem do discurso"; isso significa que a genealogia não busca somente no passado a marca de acontecimentos singulares, mas que ela se questiona a respeito da possibilidade dos acontecimentos nos dias de hoje: "ela resgatará da contingência que nos fez ser o que somos a possibilidade de não mais ser, fazer ou pensar o que somos, fazemos ou pensamos".[4]

A genealogia permite que se explique de maneira coerente o trabalho de Foucault desde os primeiros textos (antes que o conceito de genealogia começasse a ser empregado) até os últimos. Foucault indica, com efeito, que há três possíveis áreas de genealogia: uma ontologia histórica de nós mesmos em nossas relações com a verdade, a qual permite que nos constituamos como sujeitos de conhecimento; em nossas relações com um campo de poder, que permite que nos constituamos como sujeitos que agem sobre os outros; e em nossas relações com a moral, a qual permite que nos constituamos como agentes éticos. "Todas as três áreas estavam presentes, mesmo que de uma maneira um tanto confusa, na *História da loucura*. Eu estudei o eixo da verdade em *O nascimento da clínica* e em *A arqueologia do saber*. Desenvolvi o eixo do poder em *Vigiar e punir* e o eixo moral na *História da sexualidade*".[5]

---

4   What is Enlightenment? Op. cit, nota 3.
5   FOUCAULT, Michel. *Uma trajetória filosófica: para além do estruturalismo e da hermenêutica*. Op. cit, nota 37.

Grupo de Informação sobre as Prisões (GIP)

O Grupo de Informação sobre as Prisões é constituído em fevereiro de 1971: sua criação é anunciada por Michel Foucault, Pierre Vidal-Naquet e Jean-Marie Domenach durante uma coletiva de imprensa. Esse nascimento se insere num contexto duplo: por um lado, ao longo do ano precedente, um conjunto de militantes da Esquerda Proletária fora preso depois que ela havia sido dissolvida pelo ministro do Interior, Raymond Marcelin: os detentos haviam, então, feito duas greves de fome sucessivas para reclamar a condição de presos políticos e para protestar contra suas condições de detenção, e haviam recebido o apoio de intelectuais, de professores e de estudantes; por outro lado, no interior dessa mobilização, alguns se conscientizam da necessidade mais ampla de levar a mobilização à informação sobre o conjunto da população penitenciária. O GIP – no qual participarão mais tarde detentos e suas famílias, intelectuais como Foucault, Deleuze, Sartre ou Jean-Pierre Faye, mas também jornalistas, atores, trabalhadores das áreas sociais, escritores, advogados etc. – se incumbe de quebrar o isolamento no qual se encontram os detentos:

> "Por meio de nossa investigação, desejamos que eles possam se comunicar entre si, transmitir o que sabem e se comunicar de uma prisão a outra, de célula a célula. Queremos que eles se dirijam à população e que a população fale com eles. É preciso que essas experiências, essas revoltas isoladas se transformem em saber comum e em prática coordenada".[1]

---

1   Sur les prisons. In: *J'accuse*, nº 3, 15 de março de 1971, p. 26. Retomado em *Dits et écrits*. Paris Gallimard, 1994, v. 2, texto nº 87, p. 176.

72 Dicionário Foucault | Judith Revel

A denúncia das condições materiais da detenção, a circulação da informação, a reapropriação do saber e a resistência são, assim, dimensões intimamente vinculadas pelos militantes do GIP. A experiência do GIP permite a Foucault avançar em dois pontos essenciais de seu próprio trabalho. Em primeiro lugar: uma denúncia dos dispositivos de poder não ocorre sem uma reapropriação dos saberes que o poder utiliza para dessubjetivar os indivíduos, identificá-los e reduzi-los a uma categoria de seu próprio discurso. O primeiro objetivo de qualquer luta será, portanto, ressubjetivar o discurso, pôr em circulação a fala e criar as condições para que um homem não seja mais somente objeto do discurso e das práticas dos outros, mas que retorne a ser, ao contrário, sujeito de sua própria existência. De fato, na experiência do GIP a fala dos detentos é por si só um gesto de insubordinação e de resistência, uma vez que eles falam, enfim, em seu próprio nome; e, de um modo mais amplo, Foucault encontra nela a ideia de que em qualquer lugar onde a subjetivação seja possível, inclusive nas malhas mais finas do poder, a resistência também é possível. Onde há ressubjetivação, há afirmação intransitiva da liberdade. Em segundo lugar: nesse contexto, a possibilidade da ressubjetivação é infinitamente mais importante do que aquilo que se consegue realmente obter do poder. Se as reivindicações que dizem respeito à melhoria das condições materiais da prisão são, por exemplo, centrais no âmbito das lutas travadas pelos detentos, às quais Foucault se associa, elas o são infinitamente menos do que o resultado político que é o delas: o poder pode, sem dúvida, conceder reformas para fazer com que o conflito cesse e para impedir a ressubjetivação no trabalho – daí, segundo Foucault, a grande ambiguidade do discurso penal "progressista", reformador e humanista –, ainda que, em todos os lugares onde as lutas ocorrem, a reapropriação resistente das subjetividades atua. Esse segundo ponto tem como consequência imediata um distanciamento evidente do GIP no que diz respeito a qualquer perspectiva reformadora: "A ideia de que um movimento de crítica, ao mesmo tempo fortemente ligado a uma prática, não deve se obrigar a ser um movimento de reforma ou uma instância de proposta de reforma é algo de que sempre fizemos questão".[2]

---

2 Luttes autour des prision (entrevista de L. Appert, pseudônimo de Michel Foucault, com F. Colcombet e M. Lazarus). In: *Esprit*, nº 11: *Toujours les prisions*,

Grupo de Informação sobre as Prisões (GIP)

E mais, a propósito das investigações conduzidas pelo GIP e dos questionários distribuídos aos detentos e a seus familiares:

> "Essas investigações não são destinadas à melhoria, à suavização, a um modelo que torne mais suportável um poder opressivo. Elas são destinadas ao ataque, aí onde se exerce tal poder opressivo sob outro nome – o nome da justiça, da técnica, do saber, da objetividade. Cada uma dessas investigações tem de ser, portanto, um ato político".[3]

O GIP constitui para Foucault um *momento de transição*. Embora seu interesse pela prisão esteja inicialmente envolvido num questionamento mais amplo sobre os modelos e as modalidades de encarceramento (os quais ele havia desenvolvido previamente, na década de 1960, no âmbito de uma história da loucura, e, depois, em uma história da clínica), com certeza o militantismo no interior do GIP lhe possibilita redirecionar suas pesquisas tanto na direção de uma analítica dos poderes (que culminará, em 1975, no livro *Vigiar e punir*) quanto na direção de uma descrição atenta dos processos de subjetivação. Por outro lado, ainda que seus trabalhos estivessem concentrados, até então, basicamente na dimensão do discurso, Foucault descobre que não existe nenhum privilégio da ordem discursiva em relação ao privilégio das práticas ou das estratégias: daí em diante, é a partir desses três ângulos simultâneos que trabalhará na construção do espaço, tanto teórico quanto experimental, de uma resistência possível.

---

novembro de 1979, p. 102-11. Retomado em *Dits et Écrits*, 1994, v. 3, texto nº 273, p. 813.

---

3 Prefácio à *Enquête dans vingt prisions*. Paris: Champ libre, coleção Intolérable, nº 1, 1971. Retomado em *Dits et écrits*. Paris: Gallimard, 1994, v. 2, texto nº 91, p. 195.

Governamentalidade

A partir de 1978, em seu curso no Collège de France, Foucault analisa a ruptura que ocorreu entre o fim do século XVI e o início do século XVII e que marca a passagem de uma arte de governar herdada da Idade Média, cujos princípios retomam as virtudes morais tradicionais (sabedoria, justiça, respeito a Deus) e o ideal de medida (prudência, reflexão), para uma arte de governar, cuja racionalidade tem por princípio e campo de aplicação o funcionamento do Estado: a "governamentalidade" racional do Estado. Essa "política de Estado" não é, aqui, entendida como a suspensão imperativa das regras preexistentes, mas como uma nova matriz de racionalidade que não tem a ver nem com a soberania da justiça, nem com o modelo maquiavélico do Príncipe.

"Por essa palavra *governamentalidade*, eu quero dizer três coisas. Por *governamentalidade*, eu entendo o conjunto constituído pelas instituições, pelos procedimentos, análises e reflexões, pelos cálculos e pelas táticas que permitem exercer esse modelo bem específico, ainda que complexo, de poder, que tem por alvo principal a população, por modelo principal de saber a economia política, por instrumento técnico essencial os dispositivos de segurança. Em segundo lugar, por *governamentalidade*, eu entendo a tendência, a linha de força que, em todo o Ocidente, conduziu incessantemente, durante muito, muito tempo, à preeminência desse modelo de poder que se pode chamar de 'governo' sobre todos os outros: soberania, disciplina etc. [...]. Enfim, por *governamentalidade*, eu acredito que seria preciso entender o processo, ou melhor, o resultado do processo pelo qual o Estado de justiça da Idade Média, que se tornou nos séculos XV e XVI Estado administrativo, como se viu pouco a pouco *governamentalizado*".[1]

---

1   A "Governamentalidade". Op. cit, nota 82.

Governamentalidade **75**

A nova *governamentalidade* da política de Estado se apoia em dois grandes conjuntos de saberes e de tecnologias políticas, uma tecnologia político-militar e uma "polícia". No cruzamento dessas duas tecnologias, encontram-se o comércio e a circulação interestatal da moeda: "é a partir do enriquecimento pelo comércio que se espera a possibilidade de aumentar a população, a mão de obra, a produção e a exportação, e a possibilidade de se dotar de exércitos fortes e numerosos. O par população-riqueza foi, à época do mercantilismo e da cameralística,[2] o objeto privilegiado da nova política governamental".[3] Esse par se encontra no próprio fundamento da formação de uma "economia política".

A *governamentalidade* moderna coloca, pela primeira vez, o problema político da "população", isto é, não a soma dos sujeitos de um território, o conjunto de sujeitos por direito ou a categoria geral da "espécie humana", mas o objeto construído pela gestão política global da vida dos indivíduos (biopolítica). Essa biopolítica implica, no entanto, não só uma gestão da população, mas também um controle das estratégias que os indivíduos, em sua liberdade, podem ter em relação a si mesmos e uns em relação aos outros. Portanto, as tecnologias governamentais dizem respeito tanto ao governo da educação quanto àquele da transformação dos indivíduos, ao governo das relações familiares e ao governo das instituições. É por essa razão que Foucault estende a análise da governamentalidade dos outros por meio de uma análise do governo de si: "Eu chamo de *governamentalidade* o encontro entre as técnicas de dominação exercidas sobre os outros e as técnicas de si".[4]

---

2   Do grego *kamara* (ou ciência da câmara do monarca), cujo primeiro tratado é de Delamare, *Traité de la Police, 1729*. O modelo da cameralística tem origem na Prússia de Frederico, o Grande, surgindo a ideia de um *Polizeistaat*, um Estado que possui uma polícia de segurança (*Sicherheitspolizei*) para proteção face aos inimigos externos, assim como uma polícia de bem-estar (*Wohlfahrspolizei*) para a proteção da produção e da circulação da riqueza. (N.T.)

3   Segurança, Território e População. In: *Resumo dos ursos do Collège de France (1970-1982)*. Rio de Janeiro: Jorge Zahar, 1997, p. 84.

4   O Uso dos Prazeres e as Técnicas de Si. Op. cit., nota 85.

Guerra

Foucault se interessa pela guerra durante um período relativamente breve, entre 1975 e 1977, e de maneira extremamente intensa, uma vez que dedica à guerra um ano de curso no Collège de France.[1] A primeira referência à guerra limita-se a inverter a fórmula clausewitziana[2] com o objetivo de descrever a situação de crise internacional criada pelos choques petrolíferos: "a política é a continuação da guerra por outros meios".[3] Posteriormente, Foucault retoma teoricamente o tema da guerra, na medida em que, sendo o poder basicamente uma relação de forças, os esquemas de análise do poder "não devem ser buscados na psicologia ou na sociologia, mas na estratégia. E da arte da guerra.[4] "Essa afirmação, reformulada de maneira interrogativa, torna-se o cerne do curso *Em Defesa da Sociedade*: se a noção de "estratégia" é essencial para realizar a análise dos dispositivos de saber e de poder, e se ela permite, particularmente, analisar as relações de poder por meio das técnicas de dominação,

---

1   *Em Defesa da Sociedade: Curso no Collège de France (1975-1976)*. Tradução de Maria Ermantina Galvão. São Paulo: Martins Fontes, 1999.

2   Carl von Clausewitz (1780-1831), general e teórico militar prussiano, autor da obra *De la guerre* (1834). Sua teoria fez da guerra um elemento fundamental do jogo político entre as nações. Aqui, Foucault se refere à sua célebre frase: "A guerra é a continuação da política por outros meios".

3   La politique est la continuation de la guerre par d'autres moyens. In: *L'Imprévu*, nº 1, janeiro de 1975. Retomado em *Dits et écrits*. Paris: Gallimard, 1994, v. 2, texto nº 148.

4   Michel Foucault, l'illégalisme et l'art de punir. In: *La Presse*, nº 80, 3 de abril de 1976. Retomado em *Dits et écrits*. Paris: Gallimard, 1994, v. 3, texto nº 175.

pode-se, então, dizer que a dominação não é senão uma forma continuada da guerra?

A questão de saber se a guerra pode valer como tabela de análise das relações de poder se subdivide em vários problemas: a guerra é um estado primeiro do qual derivam todos os fenômenos de dominação e de hierarquização social? Os processos de antagonismo e de lutas, sejam elas individuais ou de classe, são recondutíveis ao modelo geral da guerra? As instituições e os procedimentos militares são o coração das instituições políticas? E, principalmente, quem pensou primeiro que a guerra era a continuação da política por outros meios, e desde quando? O curso, que se delonga na ruptura entre o direito de paz e de guerra, característica do poder medieval, e da concepção política da guerra a partir do século XVII, procura, basicamente, responder à última pergunta; o modelo da guerra é abandonado mais tarde por Foucault em benefício de um modelo mais complexo de análise das relações de poder, a *"governamentalidade"*.

Foucault descobre no século XVII um discurso histórico-político – "muito diferente do discurso filosófico-jurídico ordenado no problema da soberania"[5] – que transforma a guerra em um fundo permanente de todas as instituições de poder. Na França, esse discurso, que foi desenvolvido em particular por Boulainvilliers, afirma que a guerra presidiu o nascimento dos Estados: não a guerra imaginária e ideal concebida pelos filósofos do estado de natureza – para Hobbes, é a não-guerra que funda o Estado e lhe dá sua forma.[6] "–, mas uma guerra real, uma "batalha" da qual *Vigiar e punir*, do mesmo ano, nos incita a perceber o "estrondo surdo".

---

5   *Em Defesa da Sociedade: Curso no Collège de France (1975-1976)*. Op. cit., nota 115.
6   Ibidem.

História

Embora o termo "história" apareça inúmeras vezes nos títulos das obras de Michel Foucault, ele abrange, na verdade, três eixos de discursos distintos. O primeiro consiste numa retomada explícita de Nietzsche, quer dizer, tanto da crítica da história concebida como contínua, linear, provida de uma origem e de um *telos*,[1] quanto da crítica do discurso dos historiadores como "história monumental" e supra-histórica. Foi, portanto, essa leitura nietzschiana que levou Foucault a adotar, desde o início da década de 1970, o termo "genealogia": trata-se de redescobrir a descontinuidade e o acontecimento, a singularidade e os acasos, e de formular um modelo de abordagem que não tenha a intenção de reduzir a diversidade, mas que seja o seu eco. O segundo eixo corresponde à formulação de um verdadeiro "pensamento do acontecimento" — de maneira muito próxima do que faz Deleuze à mesma época –, ou seja, a ideia de uma história menor constituída de uma infinidade de vestígios silenciosos, de narrativas de vidas minúsculas, de fragmentos de existências – daí o interesse de Foucault pelos arquivos. O terceiro eixo se desenvolve precisamente a partir dos arquivos e induz Foucault a colaborar com uma série de historiadores, isto é, a problematizar, ao mesmo tempo o que deveria ser a relação entre a filosofia e a história (ou, mais exatamente, entre a prática filosófica e a prática histórica), quando removidas do tradicional par filosofia da história/história da filosofia,

---

1   Do grego τέλος : meta, fim, finalidade. Todavia, *telos* não se refere nem à meta a que se dirige a ação, nem à finalidade a que serve a ação, configurando o puro sentido semântico, enquanto princípio de desenvolvimento. (N.T.)

História 79

e a interrogar, de maneira crítica, a evolução da historiografia francesa desde a década de 1960.

Na verdade, parece que o discurso de Foucault oscila entre duas posições: por um lado, a história não é um período, mas "uma multiplicidade de períodos que se emaranham e se envolvem uns nos outros [...] o estruturalismo e a história possibilitam abandonar essa grande mitologia biológica da história e do período"[2] –, o que equivale a afirmar que apenas uma abordagem que aplique a continuidade das séries como chave de leitura das descontinuidades explica, na verdade, "acontecimentos que, de outro modo, não teriam surgido".[3] O acontecimento não é em si fonte da descontinuidade, mas é o cruzamento de uma história serial e de uma história acontecimental – série e acontecimento que não constituem o fundamento do trabalho histórico, mas seu resultado a partir da manipulação de documentos e de arquivos – que permite que se manifestem, *ao mesmo tempo*, dispositivos e pontos de ruptura, planos de discurso e palavras singulares, estratégias de poder e focos de resistência etc.

> "Acontecimento: é preciso entendê-lo não como uma decisão, um tratado, um reinado, ou uma batalha, mas como uma relação de forças que se inverte, um poder confiscado, um vocabulário retomado e voltado contra seus usuários, uma dominação que se enfraquece, se solta e envenena a si mesma, uma Outra que entra em cena, mascarada".[4]

Por outro lado, essa reivindicação de uma história que funcionaria não como análise do passado e do período, mas como exposição das transformações e dos acontecimentos, se define, às vezes, como uma verdadeira "história acontecimental" por meio da referência a um conjunto de historiadores que estudaram o dia a dia, a sensibilidade, os afetos (Foucault cita várias vezes Le Roy Ladurie, Ariès e Mandrou); e ainda que seja reconhecido pela Escola dos Anais – e, em particular, por Marc Bloch, e depois por Fernand Braudel –, o mérito por ter multiplicado os períodos e redefinido o acontecimento

---

2   Retorno à História. In: *Ditos e escritos: arqueologia das ciências e história dos sistemas de pensamento*. Rio de Janeiro: Forense Universitária, 2004, v. II, p. 293.

3   Ibidem.

4   Nietzsche, a Genealogia, a História. Op. cit., nota 56.

80 | Dicionário Foucault | Judith Revel

não como um segmento de tempo, mas como o ponto de intersecção de períodos diferentes, no entanto, não se pode negar que Foucault acabou por opor seu próprio trabalho sobre o arquivo à história social das classificações que caracteriza para ele boa parte da historiografia francesa desde a década de 1960: "Entre a história social e as análises formais do pensamento, há uma via, uma pista – talvez muito estreita – que é aquela do historiador do pensamento".[5] É a possibilidade dessa "pista estreita" que alimentará o debate cada vez mais inflamado entre Foucault e os historiadores e que motivará uma colaboração eventual com alguns dentre eles (desde o grupo de historiadores que trabalhou no "dossiê *Pierre Rivière*", até Arlette Farge e Michelle Perrot).

O tema da história como investigação sobre as transformações e sobre os acontecimentos está estreitamente ligado ao tema da atualidade. Se a história não é memória, mas genealogia, então a análise histórica é, na realidade, apenas a condição de possibilidade de uma ontologia crítica do presente. Todavia, essa posição deve evitar dois obstáculos: – que correspondem, de fato, às duas grandes censuras feitas a Foucault durante sua vida, no que diz respeito à sua relação com a história – a utilização de uma investigação histórica não implica uma "ideologia do retorno" (Foucault não se ocupa da ética greco-romana com o propósito de fornecer um "modelo a ser seguido" que seria atualizado), mas uma historicização de nossa própria consideração *a partir do que não somos mais*; a história deve nos proteger de um "historicismo que invoca o passado para resolver os problemas do presente".[6] É esse duplo problema que se encontra nos textos que Foucault dedica, no fim de sua vida, à análise do texto de Kant *"O Que São as Luzes?"*: trata-se de se defender tanto da acusação de apologia do passado quanto de relativismo histórico, o que Foucault faz particularmente no início do debate – interrompido pela morte – com Habermas.

---

5   Verdade, Poder e Si mesmo. In: *Ditos e escritos: – ética, sexualidade, política*. Rio de Janeiro: Forense Universitária, 2004, v. V, p. 294.

6   Espace, savoir, pouvoir. Entrevista com P. Rabinow. In: *Skyline*, março de 1982. Retomado em *Dits et ´rcrits*. Paris: Gallimard, 1994, v. 4, texto nº 310.

⚘

Identidade

A noção de identidade ocorre em Foucault sob duas formas básicas. A primeira surge no âmbito da análise da grande divisão entre a razão e a desrazão, a partir da *História da loucura*, e associa a identidade ao poder do *mesmo*. A identidade em si, na verdade, é aquilo a que nos obriga, a *epistema* da Idade Clássica: pois o que se apresenta aparentemente como uma figura da alteridade – o que o mesmo não pode reconhecer como algo que lhe pertence – é na *epistema*, apesar de tudo, definido como uma variação, uma derivação, um distanciamento em relação ao *mesmo*. Toda alteridade parece, por conseguinte, prisioneira de uma identificação que a restitui àquilo que ela não é (sob as espécies do negativo, da cópia invertida, da exterioridade); e esse estratagema dialético de captação daquilo que deveria, pelo contrário, ocorrer como diferente, não idêntico e não identitário, é explicitamente um gesto de poder, ou seja, um ato violento. Há, no funcionamento da Razão moderna, a utilização de uma "exclusão inclusiva" cuja identificação é exatamente um dos instrumentos cruciais. Trata-se, então, de compreender por meio de quais mecanismos epistemológicos essa identidade pode ser fixada, organizada, hierarquizada, controlada, tanto do ponto de vista do saber quanto do ponto de vista das relações de poder na ordem do discurso como nas estratégias de gestão da ordem social e política. Ser identificado é ser objetivado duplamente: como objeto de discurso e como objeto de práticas, isto é, construído sob a forma paradoxal de um *sujeito objetivado* dos saberes e dos poderes. Foucault se dedicará, por exemplo, à análise da objetivação do sujeito falante por meio da linguística, da objetivação do sujeito vivente por meio das ciências humanas, ou da objetivação do sujeito socialmente desvian-

82 Dicionário Foucault | Judith Revel

te por meio da constituição de uma série de saberes sobre a patologia (entendida de modo geral como infração da norma – da loucura à clínica, da ciência penal à psiquiatria). O tema da identidade (em si) é igualmente associado por Foucault ao sujeito filosófico autorreferencial, autoconstituído e todo-poderoso que assombra a metafísica desde Descartes, e do qual ele procura formular a crítica radical: é em decorrência da desconstrução desse privilégio exorbitante do sujeito clássico que ele vai se aplicar particularmente, considerando inicialmente sua dissolução pura e simples, e procurando determinar depois outras modalidades segundo as quais considerar a subjetividade. É nesse contexto que ele será levado a formular uma crítica radical das identidades e a desenvolver, ao contrário (inicialmente sob a influência de Nietzsche e de Blanchot e a partir de exemplos literários como o de Raymond Roussel; mais tarde, politicamente, procurando definir uma prática política, subjetiva e coletiva, porém não identitária), uma análise dos processos de subjetivação *em porvir*.

Se, na década de 1960, Foucault se limita a examinar, por um lado, a evolução dos mecanismos de identificação e de classificação, em particular na produção e na organização do saber das ciências humanas, no século XVIII (distinguindo, por exemplo, as taxonomias fundadas nas "identidades visíveis" que se encontram em Linné e, de um modo mais amplo, na história natural, e as fundadas nas identidades analógicas e nas características invisíveis, como em Geoffroy Saint-Hilaire), por outro lado, uma espécie de EU fervilhante, de disseminação identitária, de afirmação radical da "diferença intensiva" e de resistência à identificação, essa pesquisa é transformada por sua reformulação política na década de 1970. Como fazer com que uma expressão subjetiva não seja imediatamente identificada, quer dizer, objetivada e assujeitada ao sistema de saberes-poderes no qual ela se inscreve? "Esse modelo de poder é exercido sobre a vida quotidiana imediata, a qual classifica os indivíduos em categorias, designando-os por sua individualidade própria, ligando-os à sua identidade, impondo-lhes uma lei de verdade que é preciso reconhecer e que os outros têm de reconhecer em si.[1] "É, por exemplo, um dos problemas encontrados pelos movimentos gays nos Estados

---

1 O sujeito e o poder. Op. cit., nota 37.

Unidos e, de um modo *mais amplo, por todas as* lutas minoritárias que exigem um reconhecimento e direitos:

> "Ainda que, do ponto de vista tático seja importante dizer *Eu sou homossexual*, em minha opinião, não é mais preciso, a longo prazo e no âmbito de uma estratégia mais ampla, indagar a identidade sexual. Não se trata, portanto, nessa circunstância, de confirmar sua identidade sexual, mas de recusar a injunção de identificação da sexualidade, das diferentes formas de sexualidade".[2]

É a partir desse modelo de análise que se desenvolverá um emprego do pensamento de Foucault, após sua morte, nos *gender studies*,[3] numa série de correntes pós-feministas e naquilo que se chama de pensamento *queer*.

Para Foucault, há uma distinção a ser feita entre o que as relações de poder constroem sob a forma de uma identidade (isto é, uma subjetividade objetivada, reificada, reduzida a uma série de características definidas, as quais se tornam o objeto de práticas e de saberes específicos), e a maneira pela qual a própria subjetividade constrói sua própria relação com o si. No primeiro caso, trata-se de um assujeitamento que fixa as identidades a partir de um conjunto de determinações consideradas como "dizer a verdade do sujeito": é, por exemplo, o caso da sexualidade, transformada em "sintoma" ou em numeração daquilo a que se reduz objetivamente o indivíduo. No segundo caso, a recusa dessa "identitarização" das subjetividades leva Foucault a teorizar outro modelo de relação com o si e com os outros – inclusive por meio das práticas sexuais – por meio da introdução da noção de *modo de vida*:

> "Essa noção de modo de vida me parece importante. [...] Um modo de vida pode ser partilhado entre indivíduos de idade, de status, de atividade social diferentes. Ele pode dar origem a relações intensas que não se assemelham a nenhuma das relações institucionalizadas, e parece-me que um modo de vida pode dar origem a uma cultura e a uma ética. Ser *gay* é, eu acredito, não se identificar com traços psicológicos e com expressões visíveis do homossexual, mas procurar definir e desenvolver um modo de vida".[4]

---

2   Entrevista de Michel Foucault com J. François e J. De Wit. Op. cit., nota 9.

3   *Gender studies* é um campo de estudos interdisciplinar que analisa a raça, a classificação étnica, a sexualidade e o local de ocorrência. (N.T.)

4   Da Amizade como Modo de Vida. In: *Ditos e escritos: repensar a política*. Rio de Janeiro: Forense Universitária, 2004, v. VI.

Indivíduo/Individualização

Contrariamente à tradição do pensamento político moderno, que considera o indivíduo como uma espécie de unidade elementar a partir da qual se constrói a esfera social e política (em Hobbes: contra o homem natural, caracterizado de maneira negativa, é preciso, com efeito, construir outra figura individual que também não seja natural, mas política, a figura do cidadão; em Rousseau: na impossibilidade de retornar a um estado de Natureza considerado como um jardim do Éden daí em diante perdido, é preciso construir uma figura política do cidadão, a qual torne possível a coabitação dos homens no conjunto social), Foucault considera muito rapidamente o indivíduo não como a condição de possibilidade, mas como *o produto* do complexo dispositivo político que caracteriza a modernidade:

> "O que me parece característico do modelo de controle atual é o fato de que ele é exercido sobre cada indivíduo: um controle que nos fabrica, impondo-nos uma individualidade, uma identidade. [...] Eu acredito que hoje em dia a individualidade é totalmente controlada pelo poder e que somos individualizados, no fundo, pelo próprio poder. Em outras palavras, eu não acho de maneira nenhuma que a individualização se opõe ao poder, mas, pelo contrário, eu diria que nossa individualidade, a identidade obrigatória de cada um é a consequência do poder e um instrumento contra aquilo que ele mais teme: a força e a violência dos grupos".[1] E mais: "O indivíduo, com suas características, sua identidade, na sua fixação em si mesmo, é

---

1 Loucura, uma questão de poder. Rodrigues, S. H. V. In: *Jornal do Brasil*, 12 novembro de 1974, p. 8.

Indivíduo/Individualização 85

o produto de uma relação de poder que é exercida sobre corpos, multiplicidades, movimentos, desejos, forças".[2]

A partir de *Vigiar e punir*, em 1975, Foucault analisa, especificamente, a maneira pela qual o indivíduo é construído pelo poder. Num primeiro momento, parece que essa descrição se encontra estreitamente ligada a um contexto histórico, o qual é o mesmo da passagem das disciplinas aos biopoderes, ou seja, à época da primeira industrialização, entre o fim do século XVIII e o início do século XIX. Para Foucault trata-se, então, de descrever a maneira pela qual as disciplinas repartem os indivíduos no espaço, fixando-os e imobilizando-os assim como unidades separadas do "grupo" ou da "massa" dos quais se crê extraí-los, a fim de facilitar os dispositivos pan-ópticos da vigilância. Contudo, essa repartição –

"Para cada indivíduo, seu lugar; e em cada lugar, um indivíduo. Evitar as distribuições por grupos; decompor as disposições coletivas; analisar as pluralidades confusas, massivas ou fugentes. [...] Trata-se de estabelecer as presenças e as ausências, de saber onde e como encontrar os indivíduos [...]".[3]

– não é somente destinada à prevenção do perigo das aglomerações sociais, ela também tem de permitir a instauração de um modelo de produção específico – o modelo das fábricas – do qual cada indivíduo seria, ao mesmo tempo, a unidade elementar (uma espécie de "átomo" da força de trabalho) e o produto totalmente dessingularizado:

Nas fábricas que surgem no fim do século XVIII, o princípio do esquadrinhamento, que individualiza, se complica. Trata-se não só de distribuir os indivíduos num espaço onde podem isolá-los e encontrá-los; mas também de articular essa distribuição num aparelho de produção que possui suas próprias exigências. [...] Assim presa, de maneira perfeitamente visível, a toda a série dos corpos singulares, a força de trabalho pode ser analisada em unidades individuais. Com a divisão do processo de produção, ao mesmo tempo que ela, encontra-se, no nascimento da grande indústria, a decomposição

---

2 Perguntas a Michel Foucault sobre Geografia. In: *Ditos e escritos: estratégia poder-Saber*. Rio de Janeiro: Forense Universitária, 2003, v. IV, p. 174.

3 *Vigiar e punir*. Op. cit., nota 41.

86 Dicionário Foucault | Judith Revel

individualizante da força de trabalho.[4] A individualização implica necessariamente uma dessubjetivação, na medida em que significa uma objetivação forçada, uma identificação; porém, a dessingularização de cada um – e sua reconstrução sob a forma "neutra" do indivíduo – é igualmente necessária para que se permita, com custo menor, a substituição e as permutações dos indivíduos entre si na cadeia de trabalho: para Foucault, a individualização e a subjetivação são, portanto, de maneira límpida, termos opostos. Num segundo momento, o "governo dos indivíduos" é duplicado por Foucault por meio de uma análise do "governo das populações", correspondendo, na realidade, a uma gestão massificada dos indivíduos reagrupados em grandes conjuntos homogêneos. Passa-se, assim, a uma dimensão biopolítica e totalizadora do poder, a qual vem completar os dispositivos disciplinares e individualizantes.

Na década de 1980, a individualização como estratégia de governo é finalmente estendida por Foucault, fora desse contexto cronológico específico, e se torna, para ele, um dos traços característicos da pastoral cristã – a qual antecipa, desse ponto de vista, o Estado:

> "Através dessa história que começa com o cristianismo e se estende até o cerne da Idade Clássica, até a própria véspera da Revolução, o poder pastoral conservou uma característica essencial: o poder pastoral [...] tem por obrigação e tarefa principal cuidar apenas da salvação de todos, encarregando-se de cada elemento particular, de cada ovelha do rebanho, de cada indivíduo".[5]

---

4   *Vigiar e punir*. Op. cit., nota 41.
5   A Filosofia Analítica da Política. In: *Ditos e escritos: ética, sexualidade, política*. Rio de Janeiro: Forense Universitária, 2004, v. V, p. 37.

Intelectual

Existe em Foucault, a partir de 1968, uma crítica radical da maneira pela qual é preciso pensar o papel do intelectual, ou seja, tanto através de uma redefinição da relação que ele mantém com o saber quanto através da definição da maneira pela qual ele intervém na sociedade. Foucault procura, com efeito, propor um modelo completamente diferente em contraposição à figura sartriana do intelectual engajado que, em nome de valores universais, despertava as consciências e as ajudava a alcançar o espírito objetivo, fazendo-as identificar a liberdade da qual os homens são os portadores. Onde Sartre acreditava haver uma universalidade dos valores, Foucault, inversamente, contrapõe o que chama de dimensão "local" do intelectual (sempre ancorado num tempo determinado e num lugar determinado, depositário de certo saber e submisso a determinações que lhe são, em parte, exteriores); onde Sartre afirmava a necessidade da conscientização – isto é, a objetivação – dos oprimidos graças à "mediação" do intelectual, Foucault contrapõe uma desconstrução da própria noção de consciência, uma crítica da objetividade (a qual é, para ele, um procedimento de controle das subjetividades) e a ideia de que os homens só podem, ao contrário, se reapropriar daquilo que são por meio da subjetivação; por fim, onde Sartre concedia um privilégio à escrita – e ao escritor – com o objetivo de libertar as consciências, denunciar o poder e valorizar a liberdade, Foucault acredita que não existe nenhuma diferença entre um escritor e um militante qualquer – nem, de um modo mais amplo, entre um intelectual e um não-intelectual: seja ele filósofo, jornalista, detento, operário, professor, paciente psiquiátrico ou assistente social, é sempre na resis-

Dicionário Foucault | Judith Revel

tência e na ação política comum que procuramos nos reapropriar – e até reinventar – daquilo que somos. E Foucault conclui:

> "Parece-me que deve ser, considerado, agora, portanto, no intelectual não o portador de valores universais, mas alguém que ocupa uma posição específica – porém de uma especificidade que esteja ligada às funções gerais do dispositivo de verdade, numa sociedade como a nossa. [...] O problema não é alterar a consciência das pessoas ou o que elas têm em mente, mas alterar o regime político, econômico, institucional de produção da verdade. [...] A questão política, em suma, não é o erro, a ilusão, a consciência alienada ou ideológica, é a própria verdade".[1]

A questão da verdade, tal como Foucault a coloca, é crucial no deslocamento que se interpõe aqui. Com Sartre, a verdade é exterior às relações de poder, consistindo, ao contrário, numa afirmação pura da liberdade que relata o *exterior* da opressão. A verdade é aquilo que liberta os homens da alienação, isto é, ao mesmo tempo, condições materiais da opressão e da dificuldade de se considerarem como livres: e é em nome da verdade que o intelectual – e, especificamente, o escritor – deve se exprimir a fim de despertar as consciências para si mesmas. Com Foucault, pelo contrário, o que nomeamos "verdade" sempre o produto – momentâneo, uma vez que historicamente determinado e, portanto, suscetível de alteração – de um certo estado do saber, intimamente ligado a dispositivos, a equilíbrios e a projetos de poder:

> "O importante, eu acredito, é que a verdade não está fora do poder nem sem poder (ela não está, apesar de um mito segundo o qual seria preciso retomar a história e as funções, a recompensa dos espíritos livres, a criança das longas solidões, o privilégio daqueles que souberam se libertar). A verdade é deste mundo, nele ela é produzida graças a múltiplas coerções. E aí ela detém efeitos regulados pelo poder".[2]

A função política do intelectual é, por conseguinte, reformular tanto sua própria relação com o saber (isto é, reconhecer que ele é intrínseco aos dispositivos de poder de uma determinada época) quanto sua relação com a história (ou seja, não se reconhecer como

---

1   Genealogia e Poder. Op. cit. nota 62.
2   Ibidem.

Intelectual 89

nenhuma universalidade e reivindicar, ao contrário – espacial, temporal, epistemologicamente –, apenas uma dimensão local). Trata-se de mostrar o estado dos "jogos de verdade", nos quais nos encontramos, e de abrir – a partir desse diagnóstico a respeito de sua própria atualidade, quer dizer, do próprio interior desses jogos de verdade – espaços de resistência possível.

A noção de "intelectual específico" foi, em particular, desenvolvida por Foucault contra a noção de "intelectual universal", numa entrevista de 1972 com Gilles Deleuze,[3] que se segue a uma experiência de militantismo – crucial para o filósofo – dentro do Grupo de Informação sobre as Prisões (GIP). O intelectual específico é definido nessa entrevista não como um *escritor* – em nome de um antigo privilégio da literatura em expor, universalmente, a injustiça do mundo—, mas como um "sábio" que sempre fala a partir de um saber local. O canto do cisne do escritor (versão contemporânea desse "homem de justiça" portador de valores absolutos cuja genealogia Foucault tenta, por vezes, reencontrar, partindo do século XVII) é, portanto, a emergência, ao invés do "profeta universal", de uma figura intimamente ligada a uma região específica do saber, isto é, ligada também a instituições, discursos e práticas: uma figura "específica" que tem de trabalhar a partir de sua própria situação, ali se situam seu trabalho e sua vida. Essa "localização" implica que o sábio só possa ser, no melhor dos casos, um transmissor parcial, numa rede de práticas e de saberes situados, no meio de outros saberes e de outras práticas, sem privilégios nem hierarquizações possíveis.

---

3 Os Intelectuais e o Poder. In: *Ditos e escritos: estratégia, poder-saber*. Rio de Janeiro: Forense Universitária, 2003, v. IV, p. 37.

Irã

Entre setembro de 1978 e maio de 1979, Foucault escreveu uma dúzia de artigos sobre a revolução iraniana então em curso. O editor italiano Rizzoli, que havia há pouco publicado a *História da loucura* e que era acionista do diário *Corriere della Sera,* de fato, havia proposto a Foucault a colaboração com o jornal através de uma série de pontos de vista; e Foucault tinha proposto a constituição de uma equipe de intelectuais-jornalistas que abordariam o nascimento das ideias onde elas são testadas e confirmadas: segundo o filósofo, era, de fato, preciso "assistir ao nascimento das ideias e à explosão de sua força: e isso não poderia ocorrer pelos livros que as enunciam, mas em acontecimentos em que elas manifestam sua força, nas lutas que se empreendem pelas ideias, contra ou a seu favor.[1] " No outono, Foucault decide inaugurar esse ciclo de intervenções por meio de uma reportagem sobre o Irã. Ele já havia opinado em favor de opositores iranianos, no passado, e acompanhado a escalada do conflito desde janeiro de 1978; além do mais, por duas vezes, ele se dirige ao Irã, em setembro e em novembro de 1978. Os artigos foram publicados na Itália, e alguns foram traduzidos para o francês no periódico semanal *Le Nouvel Observateur,* para o qual Foucault escreveu, aliás, alguns textos sobre a questão. O fascínio de Foucault pela revolução iraniana foi, no conjunto, duramente criticado; alguns de seus detratores viram nos textos a marca de uma inconsequência grave e a tendência à consideração das consequências políticas de

---

1   As reportagens de ideias. In: BERGER, Christa; MAROCCO, Beatriz (Org.). *Ilha do Presídio, uma reportagem de ideias.* Tradução de Beatriz Marocco. Porto Alegre: Libretos, 2008, p. 50.

uma revolução apenas de um ponto de vista romântico, ou com a miopia que é conveniente nos salões parisienses. Na verdade, a posição de Foucault é, ao mesmo tempo, muito mais complexa, muito mais coerente e muito menos caricatural do que geralmente dizem. Ela se concentra basicamente em três pontos. Em primeiro lugar: a revolução iraniana não é uma revolta contra inimigos, mas contra senhores, isto é, contra uma estrutura de poder que é tanto despótica quanto corrupta, que pretende ser, moderna e, contudo, é arcaica, à primeira vista muito ligada ao contexto local e, no entanto, cúmplice dos caprichos coloniais de alguns países do mundo ocidental, os quais, ali, fazem valer seus interesses econômicos e políticos. Em segundo lugar: a religião é

> "a forma que assume a luta política a partir do momento em que ela mobiliza as camadas populares. [...] Ela faz da religião uma força, pois se apresenta como uma forma de expressão, um modo de relações sociais, uma organização elementar flexível e amplamente aceita, uma maneira de ser em conjunto, uma modo de falar e de escutar, algo que permite se fazer ouvir pelos outros e de querer, com eles e ao mesmo tempo que eles".[2]

A religião é, portanto, no Irã, a forma por meio da qual o povo pode se opor ao poder do Estado; Foucault, em alguns textos, fala então de "espiritualidade política", expressão que lhe será, mais tarde, violentamente censurada. Em terceiro lugar: trata-se de um levante popular geral de extrema amplitude, que é, ao mesmo tempo, entusiasmante – porque, lutando contra um poder despótico, revela um povo que assumiu sua própria história – e intrigante –, pois não se sabe em que vai se transformar essa onda de insurgência: "A questão é saber quando e como a vontade de todos vai dar lugar à política, a questão é saber se ela quer e se deve. É o problema prático de todas as revoluções; é o problema teórico de todas as filosofias políticas".[3]

Este último ponto é fundamental. Como Foucault o explica muitas vezes, ele não apoia a substituição de um poder por outro – a denúncia do círculo dialético poder/contrapoder será, de fato, um

---

2   Teerã: a Fé contra o Xá. In: *Ditos e escritos: repensar a política*. Rio de Janeiro: Forense Universitária, 2004, v. VI.
3   Uma Revolta a Mãos Nuas. In: *Ditos e escritos: repensar a política*. Rio de Janeiro: Forense Universitária, 2004, v. VI.

92 Dicionário Foucault | Judith Revel

elemento crucial da análise foucaultiana do poder, em particular, com a emergência dos temas da governamentalidade e da biopolítica: ele procura simplesmente compreender qual é a lógica de um levante, isto é, a lógica de um *acontecimento* (subjetivo, político, coletivo) que instaura uma descontinuidade, uma ruptura na ordem estabelecida.

> "Os levantes pertencem à história. Porém, de uma certa forma, eles lhe escapam. O movimento por meio do qual um homem só, um grupo, uma minoria ou um povo inteiro diz: 'Eu não obedeço mais', e joga isto na cara de um poder que considera injusto o risco de sua morte – esse movimento me parece irredutível".[4]

Assim, o que fascina Foucault é que nenhum poder é, ao mesmo tempo, absoluto e que, em toda parte onde se deflagram a opressão e o assujeitamento, a subjetivação e a resistência são, apesar de tudo, possíveis.

A alusão de Foucault à "espiritualidade política" em aplicação no Irã – expressão infeliz, se alguma vez houve – não deve suscitar mal-entendido. O filósofo, com muita rapidez, explicou-se: por um lado, constatar que o Islã representa no Irã a voz das classes populares não significa legitimar tudo o que os imames realmente farão uma vez que cheguem ao poder; por outro lado, "confundir todos os aspectos, todas as formas, todas as virtualidades do Islã num mesmo desprezo para rejeitá-los por inteiro sob a censura milenar de *fanatismo*[5] "parece, para Foucault, igualmente muito errôneo. Na verdade, foi basicamente com o aiatolá Chariat Madari que Foucault tratou durante suas viagens, quer dizer, com um altíssimo dignitário xiita que, se era defensor de uma concepção espiritual do xiismo, também concordava em dizer que o xiismo não podia reivindicar a exclusividade do poder temporal. A partir de fevereiro de 1979, Chadari entraria em conflito com Khomeyni e seria rapidamente isolado e, depois, obrigado a um regime de prisão domiciliar. O intérprete de Foucault durante essa entrevista em Qom era Mehdi Bazargan, fun-

---

4   É Inútil Revoltar-se? In: *Ditos e escritos: ética, sexualidade, política*. Rio de Janeiro: Forense Universitária, 2004, v. V, p. 77.

5   Réponse de Michel Foucault à une lectrice iranienne. In: *Le Nouvel Observateur*, nº 731, 13-19 novembro de 1978, p. 26. Retomado em *Dits et écrits*. Paris: Gallimard, 1994, v. 3, texto nº 251, p. 708.

dador do Comitê de Defesa das liberdades em 1977 e mediador entre a corrente laica dos defensores dos direitos do homem e os religiosos. Encarregado por Khomeyni, em fevereiro de 1979, de formar um governo – proclamado dias mais tarde –, ele foi o destinatário de uma carta aberta que Foucault lhe endereçou em abril nas páginas do *Nouvel Observateur*, nas quais o filósofo lhe lembrava que é

> "bom que os governados possam se levantar para lembrar que, simplesmente, não cederam direitos a quem os governa, mas que antes pretendem lhes impor deveres. [...] O fato de ser aceito, desejado, plebiscitado não atenua os deveres dos governos: só lhes impõe deveres mais rigorosos".[6]

Contrário ao ato que culminou na tomada de reféns da embaixada americana em Teerã, Bazargan pediu demissão, mais tarde, de seu posto.

---

6 Carta Aberta a Mehdi Bazargan. In: *Ditos e escritos: – repensar a política*. Rio de Janeiro: Forense Universitária, 2004, v. VI.

Liberalismo

O que é preciso entender por liberalismo? [...] Enquanto qualquer racionalização do exercício do governo visa maximizar seus efeitos diminuindo, o máximo possível, o custo (entendido no sentido político não menos do que no econômico), a racionalidade liberal parte do postulado de que o governo (trata-se aí, certamente, não da instituição "governo", mas da atividade que consiste em reger a conduta dos homens em uma esfera e com instrumentos estatais) não deveria ser, por si só, seu próprio fim. [...] Nessa condição, o liberalismo rompe com a tal "razão de Estado" que, desde o fim do século XVI, havia buscado, na existência e no fortalecimento do Estado, o fim capaz de justificar uma governamentalidade crescente e de regular seu desenvolvimento.[1] O liberalismo é, portanto, para Foucault o que se opõe àquilo que ele denomina sob a forma da *Polizeiwissenchaft*, isto é, o desenvolvimento (como foi o caso na Alemanha no século XVIII) de uma tecnologia governamental dominada pela política de Estado: "O liberalismo é atravessado pelo princípio: 'Sempre se governa demais' – ou, ao menos, é preciso sempre suspeitar que se governa demais [...]".[2]

Essa "saída" do paradigma da "razão de Estado" implica pelo menos duas consequências. A primeira é que, uma vez que se assume a conjuntura do liberalismo, há que se redefinir por completo uma analítica dos poderes que, basicamente, havia sido pensada pela tradição política da modernidade como exercício da soberania estatal:

---

1 *Nascimento da Biopolítica*. Tradução de Eduardo Brandão. São Paulo: Martins Fontes, 2008, p. 432.

2 Ibidem., p. 433.

é, em Foucault, o deslocamento de sua própria pesquisa em direção a uma *biopolítica*, quer dizer, em direção a uma série de poderes sobre a vida, os quais são extremamente capilares, dúcteis – de fato, Foucault falará de "micropoderes" – e que ultrapassam de longe a esfera jurídica e estatal da soberania para afirmar, inversamente, um novo tipo de regra (a norma) num espaço de intervenção inédito (a vida). A segunda é que o Estado deixa de ter, para a teoria política, uma centralidade indiscutível: "A reflexão liberal não parte da existência do Estado, encontrando no governo o meio para alcançar esse fim que seria o governo por si próprio, mas da sociedade que se encontra numa relação complexa de exterioridade e de interioridade frente ao Estado".[3] É esse fato de ser atingida toda a sociedade pelas das relações de poder, ou seja, o deslocamento e o embaralhamento da divisão tradicional entre a política e a vida, ou entre o público e o privado, que de fato caracterizará o progresso do liberalismo a partir do século XIX.

De um ponto de vista histórico, a análise do liberalismo se cristaliza, em Foucault, em torno de três momentos que funcionam simultaneamente como campos de investigação e como exemplos: a primeira revolução industrial e a passagem à produção em série dos bens materiais, o liberalismo alemão dos anos 1948-1962, e o liberalismo americano da escola de Chicago. No primeiro caso, trata-se de construir o cruzamento entre o liberalismo (entendido como nova economia do governo) e o nascimento da biopolítica; no segundo, trata-se de compreender a maneira pela qual o "ordoliberalismo" (do nome da revista *Ordo*, que reunia particularmente membros da escola de Friburgo, neokantianos, fenomenólogos e weberianos) pôde estar na base da política da R.F.A. à época de Adenauer:[4]

> "O ordoliberalismo, trabalhando com temas fundamentais da tecnologia liberal de governo, procurou definir o que poderia ser uma economia de mercado, organizada (mas não planificada, nem dirigida) no interior de uma conjuntura institucional e jurídica que, por um lado, proporcionaria as garantias e as limitações da lei e, por

---

3 Ibidem., p. 433.

4 Konrad Adenauer (1876-1967), político alemão cristão-democrata, advogado, um dos arquitectos da economia social de mercado e Chanceler da República Federal da Alemanha de 1949 a 1963. (N.T.)

outro lado, asseguraria que a liberdade dos processos econômicos não gerasse distorção social".[5]

No terceiro caso, trata-se, enfim, de compreender não somente a maneira pela qual o liberalismo americano se construiu – contra a política do New Deal –, mas quais diferenças existem entre as teorizações da escola de Chicago e de outras variantes liberais como o ordoliberalismo alemão, em particular, em torno do problema da regulação e do apoio da racionalidade de mercado por uma política de intervenções sociais, como será feito na R.F.A., ou, ao contrário, da extensão pura e simples dessa racionalidade, como preconizarão os teóricos da escola de Chicago.

---

5 *Nascimento da biopolítica.* Op. cit., p. 438, nota 145.

Liberdade/Libertação

Foucault marca, em muitas retomadas, sua distância em relação a todas as teorias da libertação e prefere para elas o que ele gosta de chamar, pelo contrário, de "práticas de liberdade". A recusa de só considerar o problema da resistência ao poder, sob a ótica da libertação, na verdade, decorre de vários elementos: 1) o poder não é uma entidade da qual teríamos a possibilidade de nos desligar totalmente: somos, pelo contrário, tanto produzidos quanto assujeitados pelas relações de poder, portanto, elas nos constituem tanto quanto nos atravessam: é vão querer se "libertar" dele; 2) a oposição entre a liberdade e o poder é, por conseguinte, um engodo (chamariz): as teorias da libertação nutrem a ilusão de sua própria pureza política através da ideia de uma "saída do poder"; 3) qualquer perspectiva de libertação repousa, na verdade, sobre a suposição de que existe, ao mesmo tempo, *um poder* (o que leva, em geral, a não estarmos suficientemente atentos à complexidade de seus dispositivos e à variação de seus modelos históricos) e um sujeito das lutas de libertação. Em todos os elementos, a realidade do poder e a realidade das subjetividades que a ela procuram se opor estão dadas, isto é, que não questionamos seus processos de constituição:

> "Eu sempre estive um pouco desconfiado no que diz respeito ao tema geral da libertação, na medida em que, se não for tratado com uma série de precauções e dentro de certos limites, corre-se o risco de que ele remeta à ideia de que existe uma natureza ou um fundo humano que se encontrou, após uma série de processos históricos, econômicos e sociais, mascarado, alienado ou aprisionado em mecanismos e por mecanismos de repressão. Nessa hipótese, bastaria rebentar os grilhões repressivos para que o homem se reconciliasse consigo mesmo, reencontrasse sua natureza ou retomasse contato

com sua origem e restaurasse uma relação positiva e plena consigo mesmo".[1]

Na análise foucaultiana, pelo contrário, só há resistência no interior das relações de poder (e não na pesquisa de um *exterior* do poder), porque essa resistência não é apenas uma luta de libertação, mas uma afirmação intransitiva da liberdade, produto da subjetivação.

A relação entre as lutas de libertação e a afirmação da liberdade é, na verdade, por vezes, mais complexa do que aparenta, e a participação direta de Foucault em alguns movimentos de contestação – como o GIP no início da década de 1970, ou os movimentos *gays* em particular, a partir dos Estados Unidos – provavelmente teve um papel importante na reflexão que ele encabeçava.

> "Eu [...] concordo com vocês que a libertação é, às vezes, a condição política ou histórica para uma prática da liberdade. Se tomarmos o exemplo da sexualidade, é certo que foi preciso uma série de libertações em relação ao poder do macho, que foi preciso se libertar de uma moral opressiva que concerne tanto à heterossexualidade quanto à homossexualidade; mas essa libertação não traz à tona o ser feliz e pleno de uma sexualidade em que o sujeito teria alcançado uma relação completa e satisfatória. A libertação abre um campo para novas relações de poder que devem ser controladas por meio de práticas de liberdade".[2]

Resumindo: a libertação é sempre suscetível de ser alcançada e mais uma vez abarcada pelas relações de poder – é, por exemplo, todo o problema político da vontade política de reformismo, ao qual Foucault sempre se mostrará contrário à época do GIP. É, portanto, no interior dessas relações de poder, invertendo-as, dobrando-as e reapropriando-se delas que se afirmará sua própria liberdade: uma liberdade nascida da relação ética – constitutiva, criadora – com o si, uma vez que "a liberdade é a condição ontológica da ética. Porém a ética é a forma dotada de razão que toma a liberdade".[3]

A tensão entre o tema da libertação e o tema da liberdade se encontra, provavelmente em parte, na origem da reorganização do

---

1   A Ética do Cuidado de Si como Prática da Liberdade. In: *Ditos e escritos: ética, sexualidade, política*. Rio de Janeiro: Forense Universitária, 2004, v. V, p. 264.

2   Ibidem.

3   A Ética do Cuidado de Si como Prática da Liberdade. Op. cit., nota 150.

Liberdade/Libertação **99**

plano da *História da sexualidade* – anunciado desde 1976 em seu primeiro volume, *A vontade de saber*, e que, na verdade, nunca foi seguido. Em 1976, Foucault, com certeza, já está ciente de que não se pode caracterizar o poder exclusivamente como uma força repressiva e coerciva: as relações de poder nos constroem tanto quanto nos reprimem. Daí a ideia estabelecida com muita clareza de que não se trata de "libertar a sexualidade" das correntes em que ela se encontraria aprisionada, mas de reconstituir as modalidades de objetivação do sujeito por meio das quais a sexualidade que lhe atribuem – e que lhe ordenamos declarar –, segundo uma série de procedimentos que pretendem registrar a "verdade do indivíduo". Contudo, ainda falta à análise a ideia de que as subjetividades, assim definidas no interior – e através das relações de poder –, podem assumir, por sua conta, o governo de si e dos outros e fazer dele um campo de experimentação ética. É esse eixo que se tornará central, a partir do fim da década de 1970, na reflexão foucaultiana.

Literatura

A literatura está muito presente em Foucault durante toda a década de 1960, ao mesmo tempo, como referência (lembra-se, por exemplo, da citação de Borges que abre *As palavras e as coisas*), como subcategoria de um campo de investigação mais geral que é o campo do discurso e como objeto específico (para o livro sobre Raymond Roussel, mas também para inúmeros textos dispersos, publicados em revistas como *Critique ou Tel Quel*, e retomados na atualidade na coletânea *Ditos e escritos*). É, aliás, sob a influência reivindicada de figuras literárias como Bataille ou Blanchot que Foucault parece então se situar, na mesma época em que, no entanto, ele reivindica uma associação de método com os estruturalistas, e que ele entrelaça permanentemente as referências emprestadas da história da literatura (Sade, Hölderlin, Nerval, Flaubert, Kafka, Artaud) com uma imensa atenção voltada às experimentações literárias que lhe são contemporâneas (basicamente em torno do grupo do *Nouveau Roman* e da redação da revista *Tel Quel*). Muito estranhamente, as análises "literárias" de Foucault parecem, por vezes, apresentar uma espécie de contraponto da obra livresca, na medida em que, se elas desconstroem o privilégio do sujeito clássico com tanta força (senão mais) quanto o fazem as análises conceituais, elas parecem, apesar de tudo, reintroduzir uma primazia da experiência – por meio do gesto de escrita entendido como risco da fala – que não deixa de surpreender. A partir de 1970, com a publicação de *A ordem do discurso*, essa paixão pela literatura parece se esvair: a década de 1970 será marcada mais por uma intensa reflexão sobre a política, ou seja, por uma análise dos dispositivos de poder e das estratégias de resistência. Em 1971, apenas um editor italiano teve a ideia de reunir os textos literários de Foucault em um único volume, intitulado *Écrits littéraires (Scritti letterari)*.[1]

Na verdade, para Foucault, a passagem do literário ao político não é nenhum abandono, nem uma reviravolta culpável. Para tanto, há três razões cruciais: 1) o par dispositivos de poder/estratégias de resistência, que se encontrará no cerne das análises políticas, é, na realidade, um decalque do par ordem discursiva/experiências transgressivas da linguagem, que parecia, ao contrário, caracterizar os trabalhos de Foucault na década de 1960. Nos dois casos, uma relação de identificação e de ordenação, por um lado, e uma prática de subtração ou de recusa dessa ordem, por outro lado, se constroem um por meio do outro: o poder e a liberdade não se opõem frontalmente, mas se interpenetram e se alimentam reciprocamente; 2) o abandono da literatura como objeto de investigação privilegiado – e, de um modo mais amplo, da esfera do discurso – significa que não há privilégio do discursivo em relação a outros tipos de relações de poder (e, portanto, de estratégias de resistência). A linguagem literária, quer seja um instrumento dócil do saber acadêmico, quer seja um meio de contestação desse poder, é apenas uma possibilidade de experimentação – porém, seria preciso associar a utilização dos corpos, a relação com o si e com os outros, um certo emprego da conflitualidade etc. Portanto, na verdade, ela não desaparece: ela é somente integrada a um campo mais amplo; 3) por fim, a partir da década de 1970, Foucault põe-se a falar dos dispositivos de "saber-poder", como se a ligação entre o exercício da fala, a produção dos saberes objetivos e as relações de poder não pudessem de maneira nenhuma ser separadas: a literatura engendra "efeitos de saberes" e emprega jogos de verdade tanto quanto procura, às vezes, bloqueá-los, desviando e restituindo-lhes o sentido íntimo ou a visão.

A relação de Foucault com o arquivo é, com frequência, enredada de uma emoção da qual parece que só a expressão literária possa, às vezes, dar cabo: é, por exemplo, o caso para o "parricida dos olhos avermelhados", expressão espantosa que aponta Pierre Rivière, ou ainda para essa "lenda negra dos infames" que o filósofo analisa em um de seus textos mais bonitos. A propósito da vida dos homens

---

1   *Scritti letterari*. Organização de di Cesare Milanesi. Milão: Feltrinelli, 1971.

infames redescoberta nos arquivos – a qual Foucault qualifica de "estranhos poemas"[2] —, ele observa então: "Nem *quase*, nem *subliteratura*, não é sequer o esboço de um gênero; está na desordem, no barulho e na dor, no trabalho do poder sobre as vidas, e no discurso que dele nasce".[3]

---

2   A Vida dos Homens Infames. Op. cit., nota 15.
3   Ibidem.

Medicina

Em primeiro lugar, a medicina é, para Foucault, apenas um saber dentre outros: como tal, ela só é considerada como uma soma de discursos do qual a economia, a organização e as apostas não lhe são específicas. Essa "analogia estrutural" reconhece à medicina o fato de ter, através da experiência clínica, constituído um campo, o da patologia, a partir de uma série de traços e de critérios; porém, ela só considera o discurso da medicina como um determinado código linguístico que implica, simultaneamente, uma ordem interna, uma decodificação e uma interpretação: "Podemos nos perguntar se a teoria da prática médica não poderia ser repensada nos termos que não são os mesmos do positivismo, mas nos termos que elaboram, na atualidade, práticas como a análise dos idiomas ou os processamentos de informação".[1] No entanto, com muita rapidez, Foucault se dá conta da ligação estreita que existe entre a medicina e a prática política e procura "etnologizar" o ponto de vista que possui a respeito do saber médico, ou seja, também procura traçar a história social e política desse saber. Ao mesmo tempo, ele experimenta realizar uma análise das relações de poder que atuam no interior do saber e nos procedimentos médicos, em particular a partir do século XVIII, e uma genealogia da maneira pela qual nossas sociedades se medicalizaram progressivamente através do que ele chama de uma "extensão social da norma". A medicina se encontra, portanto – assim como o discurso a respeito da loucura, ou o da delinquência –, no

---

1 Message ou bruit? In: *Concours médical*, 88º ano, 22 de outubro de 1966, p. 6285-6286. Retomado em *Dits et écrits*. Paris: Gallimard, 1994, v. 1, texto nº 44, p. 557.

104 Dicionário Foucault | Judith Revel

cruzamento exato dos saberes e dos poderes; mais ainda, Foucault, a partir da metade da década de 1970, fará da medicina uma das pedras angulares de sua análise da biopolítica, propondo a leitura do rearranjo dos dispositivos de poder, nos dois últimos séculos, a partir de uma verdadeira nosopolítica.[2]

A centralidade da medicina para o poder está, desde o século XIX, ligada, segundo Foucault, à passagem de uma lógica assistencial para uma lógica produtiva: com o surgimento da produção industrial; com efeito, tornou-se mais importante poder garantir uma força de trabalho eficaz e de boa qualidade do que proteger a ordem social dos "contágios" e as epidemias, ou seja, contra a desordem. Antes da Revolução Industrial, a clínica serve basicamente para isolar e para repertoriar os indivíduos, para controlar o território e para possibilitar a definição de toda uma série de patologias sociais das quais a patologia clínica torna-se exatamente a expressão. Em contrapartida, insiste Foucault,

> "com o capitalismo, não se passou de uma medicina coletiva para uma medicina privada, [...] mas é exatamente o inverso que ocorreu; o capitalismo, que se desenvolve no fim do século XIII e no início do século XIX, socializou inicialmente um primeiro objeto, o corpo, em função da força produtiva, em função da força de trabalho [...]; a medicina é uma estratégia *bio-política*".[3]

Foi, em particular, essa medicalização do poder que permitiu a substituição da regra jurídica – antiga forma de expressão do poder soberano – por um novo tipo de regra: a norma.

No caso da biopolítica, a medicalização do poder não foi sempre homogênea e é conveniente identificar suas variantes históricas e sociais, as quais estão, por sua vez, ligadas a contextos e tradições políticas diferentes. Foucault indica basicamente três desses casos, que se enraízam todos no período da primeira industrialização: a

---

2   A *nosopolítica* surge no século XVIII, resultante de um problema representado pelo estado de saúde da população e tomada como objetivo político geral, um encargo coletivo no qual Foucault identifica a iniciativa, a organização e o controle da nosopolítica que se encontram espalhados por todo o tecido social, não estando restritos somente ao aparelho do Estado. (N.T.)

3   O Nascimento da Medicina Social. In: *Microfísica do poder*. Rio de Janeiro: Edições Graal, 1999, p. 46.

medicina social entendida como medicina de Estado (na Alemanha), a medicina social entendida como medicina urbana (na França) e, por fim, a medicina social entendida como medicina da força de trabalho (na Grã-Bretanha). No primeiro caso, trata-se, através da integração da medicina à administração, de reforçar a centralidade do Estado; no segundo, de instaurar um esquadrinhamento que atua mais sobre os dispositivos capilares de controle do espaço social; no terceiro caso, trata-se de preservar a burguesia, instaurando um controle sobre as "classes sociais menos favorecidas", em particular, por meio de mecanismos de prevenção e de profilaxia e pela instauração de "leis sobre os pobres" das quais o Health Service faz, obviamente, parte. Encontra-se, por fim, um reinvestimento muito claro dessas análises numa problematização profunda de nossa própria relação com a medicina, ou seja, tanto com a patologia – clínica e social – quanto com a norma: Foucault traça a constituição dessa nova abordagem a partir do plano Beveridge e a coloca no cruzamento desses três modelos: "Com o plano Beveridge e os sistemas médicos dos países mais ricos e dos mais industrializados da atualidade, trata-se sempre de pôr em funcionamento esses três setores da medicina, ainda que eles estejam articulados entre si de maneira diferente".[4]

---

4 O Nascimento da Medicina Social. Op. cit., nota 158.

Natureza

Há em Foucault um antinaturalismo muito claro, que associa sucessivamente a natureza à origem, ao universal, e depois, um pouco mais tarde, a uma estratégia política de biologização da vida que ele interpretará como uma das características da biopolítica, a partir do século XIX. Nos dois primeiros casos, a natureza é denunciada como o antigo terreno da metafísica ocidental que personifica em alternância a ideia de uma fundação ou de uma origem, por um lado, e a ideia de um universal transcendente e inquestionável, por outro: a natureza é, portanto, aquilo que se procura dissolver, antes de qualquer coisa, para sair da ilusão metafísica, e as considerações nietzschianas da crítica foucaultiana são evidentes:

> "A história será efetiva, na medida em que introduzir o descontínuo em nosso próprio ser. Dividirá nossos sentimentos; dramatizará nossos instintos; multiplicará nosso corpo e o confrontará consigo mesmo. Ela não deixará, por baixo de si, nada que venha a ter a estabilidade confortadora da vida ou da natureza".[1]

Na década de 1960, esse antinaturalismo tornou-se, por vezes, literário no interior de um discurso que procura, por outro caminho, desconstruir a figura do sujeito clássico e o privilégio da identidade em si, a partir do tema da metamorfose, da transgressão e da transmutação. É assim que, a respeito ao Minotauro – figura que muitas vezes remonta à época, para falar tanto da escrita de Roussel quanto dos trabalhos de Deleuze –, Foucault escreve: "O espaço que simboliza o Minotauro é, pelo contrário, um espaço de transmutação

---

1   Nietzsche, a Genealogia, a História. Op. cit., nota 56.

[...]; seu movimento suscita a Antífisis e todos os vulcões da loucura. Não se trata mais das superfícies enganosas da dissimulação, mas de uma natureza metamorfoseada profundamente pelos poderes da contranatureza".[2]

Em 1974, durante um famoso debate com Noam Chomsky sobre a natureza humana, Foucault reafirma tanto sua vontade de criticar toda forma de universal, de incondicionado ou de dado não-histórico (o que, de fato é, para Chomsky, a natureza, considerada como conjunto de invariantes) e sua desconfiança da ideia mais geral de que existiriam "regularidades" no comportamento e nas produções dos homens que excederiam sua própria história: a historicização das regularidades (ou seja, também a historicização do local de sua ocorrência, de sua medida e de sua classificação) é, com efeito, para Foucault um elemento metodológico crucial que ele procurou desenvolver com precisão desde a *História da loucura*, e mais ainda em *As palavras e as coisas*, no qual a lenta transformação dos princípios e dos objetos de classificação das ciências naturais – particularmente na passagem de Lineu a Geoffroy Saint-Hilaire – era fundamental. É desta forma que ele precisa:

> "[...] eu tive dificuldade para aceitar o fato de que essas regularidades estivessem ligadas ao espírito humano ou à sua natureza, como condições de existência: parece-me que devemos, antes de atingir esse ponto [...], substituí-las no campo das outras práticas humanas, econômicas, técnicas, políticas, sociológicas, que lhes servem de condições de formação, de surgimento, de modelos. Eu me pergunto se o sistema de regularidade, de limitação, o qual torna possível a ciência, não se encontra noutro local, até fora do espírito humano, nas formas sociais, em relações de produção, nas lutas de classe etc.".[3]

É essa tentativa de historicização que se reencontra aplicada às análises dedicadas ao nascimento da biopolítica: se a biologia põe em prática uma regra de um novo tipo – a norma – que se apoia na ideia de uma naturalidade "biológica" da vida, que a medicina social

---

2 Un si cruel savoir. In: *Critique*, nº 182, julho de 1962, p. 597-611. Retomado em *Dits et écrits*. Paris: Gallimard, 1994, v. 1, texto nº 11, p. 227.

3 Da Natureza Humana: Justiça contra Poder. In: *Ditos e escritos: estratégia poder-saber*. Rio de Janeiro: Forense Universitária, 2003, v. IV, p. 87.

afirma ter por vocação preservar e proteger, e em que ela enraíza novas técnicas de gestão tanto dos indivíduos quanto das populações, isso significa que as relações de poder, no século XIX, construíram uma referência inédita à naturalidade, a fim de transformá-la em um novo instrumento de controle. Não que a natureza em si não exista; mas, para Foucault, há nela a emergência de um novo emprego político da referência ao natural, que é em si mesmo inteiramente não natural, e do qual se busca exatamente fazer a genealogia. Resumindo: "tudo o que nos é proposto dentro de nosso saber, como verdade universal, quanto à natureza humana ou às categorias que podem ser aplicadas ao sujeito, requer ser testado e analisado". O vitalismo naturalista que parece fundar a biopolítica requer, por conseguinte, ser considerado como uma produção histórica, e não como a condição de possibilidade de qualquer saber a respeito dos homens: "É a história que traça esses conjuntos antes de apagá-los; não é preciso procurar nela fatos biológicos brutos e definitivos que, do fundo da 'natureza', seriam impostos à história".[4]

---

4 Bio-histoire et bio-politique. In: *Le Monde*, nº 9869, 17-19 de outubro de 1976, p. 5. Retomado em *Dits et écrits*. Paris: Gallimard, 1994, v. 3, texto nº 179, p. 97.

Norma

No vocabulário de Foucault, a noção de "norma" está ligada àquela de "disciplina". Certamente, as disciplinas são estranhas ao discurso jurídico da lei, da regra entendida como consequência da vontade soberana. A regra disciplinar é, pelo contrário, uma regra natural: a norma. As disciplinas, entre o fim do século XVIII e o início do século XIX, "definirão um código que não será o código da lei, mas sim o da normatização, e as disciplinas se referirão necessariamente a um horizonte teórico que não será o mesmo do direito, mas o campo das ciências humanas, e sua jurisprudência será aquela de um saber clínico".[1]

A norma corresponde ao surgimento de um biopoder, isto é, de um poder sobre a vida, e a modelos de governamentalidade que aí se encontram ligados: o modelo jurídico da sociedade, elaborado entre os séculos XVII e XVIII, dá lugar a um modelo médico, no sentido amplo, e observa-se o nascimento de uma verdadeira "medicina social" que se ocupa de campos de intervenção que vão muito além do doente e da doença. A instalação de um aparelho de medicalização coletiva, que gerencia as "populações" por meio da instituição de mecanismos de administração médica, de controle da saúde, da demografia, da higiene ou da alimentação, permite aplicar ao conjunto da sociedade uma distinção permanente entre o normal e o patológico e impor um sistema de normatização dos comportamentos e dos modos de vida, do trabalho e das consequências:

> "Por pensamento médico, eu entendo uma maneira de perceber as coisas, a qual se organiza em torno da norma, quer dizer, uma ma-

---

1   Genealogia e Poder. Op. cit., nota 62.

110 | Dicionário Foucault | Judith Revel

neira que procura separar o que é normal daquilo que é anormal, o que não é, em absoluto, exatamente o lícito e o ilícito; o pensamento jurídico distingue o lícito do ilícito, o pensamento médico distingue o normal do anormal; esse pensamento se atribui, também, buscando se atribuir meios de correção que não são precisamente meios de punição, mas meios de transformação do indivíduo, toda uma tecnologia do comportamento do ser humano que está ligada a isso...".[2]

As disciplinas, a normatização por meio da medicalização social, a emergência de uma série de biopoderes aplicados, ao mesmo tempo, aos indivíduos em sua existência singular e às populações segundo o princípio da economia e da gestão política, e o surgimento de tecnologias do comportamento formam, assim, uma configuração do poder que, segundo Foucault, ainda é a nossa no fim do século XX.

O problema da passagem do sistema jurídico da soberania para o sistema da normatização disciplinar não é simples: "O desenvolvimento da medicina, a medicalização geral do comportamento, das condutas, dos discursos, dos desejos, tudo isso ocorre na linha de frente onde os dois planos heterogêneos da disciplina e da soberania se encontram".[3] Para além das análises históricas, principalmente concentradas nos cursos, no Collège de France, do fim da década de 1970, o deslocamento do direito para a medicina é um tema do qual Foucault destaca, inúmeras vezes, a atualidade absoluta. A questão parece, então, não ser mais a questão da história do nascimento da medicina social, mas aquela das modalidades presentes de resistência à norma: como lutar contra a normatização sem retornar, por isso, a uma concepção soberana do poder? Pode-se, ao mesmo tempo, ser antidisciplinar e antissoberano?

---

2 O Poder, uma Besta Magnífica. In: *Ditos e escritos: repensar a política*. Rio de Janeiro: Forense Universitária, 2004, v. VI.

3 Genealogia e Poder. Op. cit., nota 62.

Ontologia

A referência à ontologia ocorre em Foucault de maneira extremamente comedida, num pequeno número de textos – que, estranhamente, compreendem trinta anos de pesquisa filosófica – e de uma maneira, ao mesmo tempo, precisa e muito intensa. Se acreditarmos que o emprego da noção, no texto de Foucault dedicado a Binswanger em 1954, ainda está cunhado de fenomenologia (Foucault, com certeza, está visivelmente fascinado pela abordagem de Binswanger, que "evita a distinção *a priori* entre a antropologia e a ontologia"),[1] uma nova consideração da palavra, dez anos mais tarde, é patente, mas implica daí em diante uma direção de pesquisa completamente diferente. Num primeiro momento, sob a evidente influência cruzada de Nietzsche e de Bataille, Foucault parece ligar a ontologia à experiência da transgressão:

> "O jogo instantâneo do limite e da transgressão seria nos dias de hoje a prova crucial de um pensamento da *origem*, na qual Nietzsche nos consagra, desde o início de sua obra – um pensamento que seria, em absoluto e dentro do mesmo movimento, uma Crítica e uma Ontologia, um pensamento que consideraria a finitude e o ser?".[2]

Além da evidente homenagem a Bataille, essa associação da dupla dimensão da crítica e da ontologia atravessará, por completo,

---

1   Introdução (*in* Binswanger). In: *Ditos e escritos: problematização do sujeito – psicologia, psiquiatria e psicanálise*. Rio de Janeiro: Forense Universitária, 2002, v. I, p. 71.

2   Prefácio à Transgressão. In: *Ditos e escritos: estética – literatura e pintura, música e cinema*. Rio de Janeiro: Forense Universitária, 2003, v. III, p. 28.

112 Dicionário Foucault | Judith Revel

o projeto foucaultiano até tomar, nos últimos anos, a forma abertamente reivindicada de uma "ontologia crítica de nós mesmos".[3] Mais tarde, o problema da ontologia parece tomar duas formas básicas: numa primeira versão, no início da década de 1970, a tentativa de considerar o ser, a partir da positividade das diferenças que o constituem, leva Foucault a tomar emprestadas, basicamente de Deleuze, formulações que este último constrói, em particular, a partir de sua própria análise de Spinoza: "Imaginemos [...] uma ontologia na qual o ser se descrevesse, da mesma maneira, de todas as diferenças, mas só das diferenças";[4] numa segunda formulação, essa ontologia se torna o outro nome da ética política que problematizaria sem parar nossa própria relação conosco e as determinações históricas, epistêmicas e políticas que nos fazem ser o que somos:

> "A ontologia crítica de nós mesmos, é preciso considerá-la, decerto, não como uma teoria, uma doutrina, nem mesmo um corpo permanente de saber que se acumula; é preciso concebê-la como uma atitude, um *ethos*, uma vida filosófica na qual a crítica daquilo que somos é, simultaneamente, análise histórica dos limites que nos são aplicados e prova de sua transposição possível".[5]

Na verdade, essa afirmação do peso ontológico da crítica já é perceptível nas análises que dizem respeito aos biopoderes e à biopolítica, no fim da década de 1970. Se os biopoderes são, literalmente, poderes sobre a vida, a resistência biopolítica é uma afirmação do poder da vida; e ainda que a oposição entre poder e autoridade, que pertence mais ao spinozismo de Deleuze do que ao próprio Foucault, possa parecer artificial, ela o é muito menos quando Foucault a remete à própria natureza das relações de poder. Para Foucault, uma relação de poder é uma "ação sobre a ação dos homens": ela não cria nada, mas, pelo contrário, se aplica, desvia, capta, restringe, limita, aprisiona aquilo que é – ou seja, o poder da vida dos homens. A resistência biopolítica, em contraposição, dá início, inventa, cria – subjetividade, maneiras de associação, estratégias de resistência,

---

3   O que São as Luzes? Op. cit., nota 3.
4   *Theatrum Philosophicum*. In: *Ditos e escritos: arqueologia das ciências e história dos sistemas de pensamento*. Rio de Janeiro: Forense Universitária, 2004, v. II, p. 232.
5   O que São as Luzes? Op. cit., nota 3.

outras relações com o si e com os outros etc. E se o poder e a resistência se encontram, com certeza, intimamente ligados – não há nada aqui que se aparente a um debate simplista –, um é basicamente reprodutor, ao passo que o outro é criador de novos seres. É essa produção de novos seres, de ser novo, que podemos caracterizar como uma ontologia: uma ontologia biopolítica da resistência que afirma a liberdade intransitiva dos homens no próprio interior das relações de poder, e na qual uma série de analistas foucaultianos insistiu a partir do fim da década de 1990.

No fim de sua vida, finalmente, foi através da ideia de uma "ontologia histórica de nós mesmos", associada ao seu projeto genealógico, que Foucault escolheu, retrospectivamente, analisar seu trabalho nos últimos trinta anos:

> "Há três áreas de genealogia possíveis. Em primeiro lugar, uma ontologia histórica de nós mesmos dentro de nossas relações com a verdade, a qual permite a nossa constituição enquanto sujeito de conhecimento; em seguida, uma ontologia histórica de nós mesmos dentro de nossas relações com um campo de poder, no qual nos constituímos como sujeitos agindo sobre os outros; por fim, uma ontologia histórica de nossas relações com a moral, a qual permite a nossa constituição enquanto agentes éticos".[6]

No primeiro caso, é possível reconhecer *As palavras e as coisas*, ou a *Arqueologia do saber*; no segundo, *Vigiar e punir*; no último, o projeto da *História da sexualidade*.

---

6   Sobre a genealogia da ética: um panorama do trabalho em curso. In: RABINOW, Paul; DREYFUS, Hubert. *Michel Foucault, uma trajetória filosófica: para além do estruturalismo e da hermenêutica*. Rio de Janeiro: Forense Universitária, 1995, p. 296.

Paresia

O tema *"paresia"* surge em Foucault tardiamente, no curso do Collège de France de 1981-1982 dedicado à Hermenêutica do Sujeito, depois, de maneira particularmente desenvolvida, numa série de conferências realizadas em outubro/novembro de 1983 na Universidade de Berkeley, as quais, na atualidade, se encontram depositadas na base de pesquisa Foucault do IMEC.[1] Como o próprio Foucault lembra, a palavra surge pela primeira vez com Eurípides e está muito presente no pensamento grego a partir do fim do século V a.c., porém a encontramos igualmente em textos da patrística, nos séculos IV e V d.C., por exemplo, em textos de João Crisóstomo. A *paresia* é, literalmente, um "discurso livre", uma "conversa franca", mas também é, sem demora, uma declaração verdadeira: aquele que utiliza a *paresia* é um homem que diz a verdade.

> *"Paresia,* etimologicamente, quer dizer o fato de dizer tudo (franqueza, abertura de coração, abertura de fala, abertura de linguagem, liberdade de fala). Os Latinos geralmente traduzem *Paresia* por *libertas.* [...] À primeira vista, a *libertas* ou a *paresia* é basicamente uma qualidade moral que se requer de qualquer sujeito falante. A partir do momento em que falar implica dizer a verdade, como não se poderia impor, como uma espécie de pacto fundamental, a qual-

---

1 Instituto de Memórias da Edição Contemporânea (IMEC) é uma associação francesa criada em 1988 pela iniciativa de pesquisadores e profissionais do mercado editorial para reunir uma base de pesquisa das principais editoras, revistas, escritores, pesquisadores e atores do percurso do livro e da escrita no século XX.

quer sujeito que toma a fala, dizer a verdade, pois ele acredita falar a verdade?"[2]

A intuição de Foucault, que ele ilustra através de inúmeros exemplos da literatura antiga, é que essa declaração verdadeira implica, nesse caso, simultaneamente, uma relação inédita de subjetivação recíproca, no próprio interior da relação de ensino que existe entre o mestre e o aluno, e uma relação com o si de autoconstituição, a qual faz da *paresia* uma verdadeira técnica de vida. A noção está, portanto, ligada tanto àquela de *"tekhnê"* quanto à noção de *"ethos"*: ela é um instrumento de constituição de si como sujeito de sua própria vida, o qual é dada pelo mestre ao aluno, mas também é prática da veracidade na relação de si consigo.

Foucault opõe basicamente a *paresia* a dois termos, a adulação e a retórica. A primeira se opõe à *paresia* no plano moral: "O fim da paresia não é manter aquele a quem se dirige na dependência daquele que fala – o que não é o caso da adulação. O objetivo da *paresia* é fazer com que aquele a quem se dirige se encontre, num determinado momento, numa situação em que ele não precise mais do discurso do outro".[3] Num segundo nível, a adulação coloca um problema político, na medida em que empenha, ao mesmo tempo, a questão da educação do Príncipe e a questão da franqueza com a qual se dirige a este último: "quem dirá a verdade ao Príncipe?".[4] A retórica, por sua vez, desafia mais diretamente o problema – foucaultiano, se houver – da relação entre poder e subjetividade. Da mesma maneira que as relações de poder são, com frequência, definidas por Foucault na década de 1970 como "uma ação sobre a ação dos homens", é surpreendente ver que a retórica, em sua oposição à *paresia*, é definida de maneira quase idêntica: "A retórica tem, basicamente, por função agir sobre os outros, no sentido em que ela possibilita dirigir as deliberações das assembleias ou alterar seus caminhos, conduzir o povo, dirigir um exército".[5] A *paresia* tem, pelo contrário, um objetivo completamente diferente: "Trata-se fundamentalmente

---

2 *Hermenêutica do sujeito*. Tradução de Márcio Alves da Fonseca e Salma Tannus Muchail. São Paulo: Martins Fontes, 2004.
3 Ibidem.
4 Ibidem.
5 Ibidem.

Dicionário Foucault | Judith Revel

de conseguir, agindo sobre os outos, que eles cheguem a se constituir, voltem a si, em relação a si mesmos, uma relação de soberania que será característica do sujeito sábio, do sujeito virtuoso".[6] Onde a retórica se encontra do lado do poder e da manipulação, a *paresia* está, portanto, do lado da subjetivação e do domínio de si.

A passagem desse primeiro sentido da noção *paresia* para o sentido que ela alcançará, uma vez reinvestida pela patrística cristã, é encontrada por Foucault por ocasião de um trabalho sobre Epicuro e os meios epicuristas. Certamente, é a partir do momento em que a *paresia* não caracteriza mais apenas a relação do mestre com o aluno (e os efeitos de subjetivação que essa relação causa tanto em um como no outro), mas a relação dos alunos entre si, que nasce uma prática "horizontal" da *paresia* de parte dos discípulos entre eles: os alunos, quando são chamados a comparecer diante do *kathêgoumenos*, o guia, são então convidados a falar de si: "para dizer o que pensam, para dizer o que têm no coração, falar para contar os erros que cometeram, contar as fraquezas pelas quais ainda se sentem responsáveis ou às quais ainda se sentem expostos. E é assim que se encontra – pela primeira vez, é o que parece, de maneira muito explícita no interior dessa prática de si da Antiguidade greco-romana – a prática da confissão".[7]

---

6   *Hermenêutica do sujeito*. Op. cit., nota 174.
7   Ibidem.

População

No âmbito de uma analítica dos poderes desenvolvida por Foucault, a noção de população surge de maneira específica em 1976 num texto dedicado às políticas de saúde no século XVIII. Posteriormente, ela constituirá, por outro lado, o objeto de duas reformulações sucessivas. Em 1976, enquanto que as análises apresentadas um ano antes em *Vigiar e Punir*, se concentravam essencialmente nos dispositivos de individualização, de segmentação e de repartição utilizados pelo poder disciplinar, Foucault parece desviar seu interesse para às estratégias de massificação e de serialização desses "indivíduos".

Com efeito, se as disciplinas procuram "individualizar" os homens para satisfazer a uma exigência produtiva que deseja que cada um esteja em seu lugar, no local que lhe é próprio, dentro de uma cadeia que é a da linha de produção; se, simplesmente, elas constroem indivíduos para alimentar a força de trabalho industrial, no entanto, não se pode negar que o próprio conceito de "força de trabalho" apresenta mais o aspecto de um conjunto massificado do que o aspecto de um ajuntamento de individualidades agenciado segundo as necessidades do capital. Daí a seguinte hipótese: junto às técnicas de individualização, ele teria de abordar um dispositivo paralelo – não contrário às disciplinas individualizantes, nem mesmo sucessivo a essas disciplinas, mas contemporâneo e complementar – que consiste em determinar "conjuntos homogêneos de seres humanos" e em lhes destinar uma economia específica dos poderes. Esses conjuntos são aquilo que Foucault chama de "populações": eles alteram fundamentalmente o que se considerava até então como as formas do coletivo e tornam, por esse motivo, necessárias novas estratégias

118 Dicionário Foucault | Judith Revel

de gestão e de assujeitamento, isto é, toda uma nova estratégia dos poderes cuja biologização e naturalização (por meio de um novo instrumento destinado à substituição da antiga regra jurídica: a norma) são os motores essenciais. Foucault, então, fala de *nosopolítica*:

> "Os traços biológicos de uma população se tornam elementos pertinentes para uma gestão econômica, sendo necessário organizar em torno deles um dispositivo que não só garanta seu assujeitamento, mas a constante amplificação de sua utilidade. A partir daí, pode-se compreender várias características da *nosopolítica* no século XVIII".[1]

É preciso, portanto, estabelecer uma relação entre a medicalização da gestão social e política dos homens, as necessidades da produção industrial e a busca da acumulação de riqueza, e o surgimento da "população" como aposta do poder, e até a figura de Bentham (que, não obstante, havia sido uma das referências do modelo pan-óptico e individualizante das disciplinas em *Vigiar e punir*) se encontra reavaliada:

> "Como seus contemporâneos, ele se deparou com o problema da acumulação dos homens. Porém, enquanto os economistas apresentavam o problema em termos de riqueza (população-riqueza, como mão de obra, fonte de atividade econômica, de consumo; e população-pobreza, como excedente ou ociosa), ele ousa colocar a questão em termos de poder: a população como alvo de relações de dominação".[2]

Mais tarde, Foucault tentará fazer dessa emergência das "populações" o elemento determinante da passagem das "antigas artes de governar", baseadas no modelo individual e no modelo familiar, para uma nova governamentalidade moderna, baseada num modelo mais amplo do qual o indivíduo e a família não representarão mais do que segmentos:

> "[...] a passagem de uma arte de governar para uma ciência política, a passagem de um regime determinado pelas estruturas de soberania para um regime dominado pelas técnicas do governo ocorre, no

---

1 A política da saúde no século XVIII. In: *Microfísica do poder*. Rio de Janeiro: Edições Graal, 1999, p. 107.

2 O olho do poder. In: *Microfísica do poder*. Rio de Janeiro: Edições Graal, 1999, p. 114.

século XVIII, em torno da população e, por conseguinte, em torno do nascimento da economia política".[3]

Será preciso alcançar o fim da década de 1970 e o trabalho sobre a biopolítica para que a noção de "população" não se refira apenas a um paradigma do poder, mas que se investigue, também, sua constituição. Essa noção é amplamente antecipada por todos os saberes estatísticos que, a partir do século XVIII, possibilitam o estabelecimento de normas quantitativas, isto é, não somente a observação, mas também a intervenção direta nas populações – e sua manipulação – em função de critérios de "normalidade" estabelecidos a partir da constituição de séries; ela se torna central a partir do momento em que Foucault percebe que as "populações" implicam um elemento de unidade: este pode ser territorial, nacional (a "população", correlato do Estado-nação, é então alçada à dimensão de um espaço "comum" a todos os indivíduos que a compõem, como foi o caso na formação do conceito moderno de "povo"); mas ele está, a partir do fim do século XVIII, ligado basicamente à "vida", entendida, ao mesmo tempo, de maneira biológica e natural, e de maneira política e social. É essa sobreposição, cuja "população" é o produto, que caracteriza a "biopolítica". Uma "população" se torna, nesse caso, um conjunto de seres vivos reunidos na base de seu copertencimento a um mesmo espaço e/ou que apresenta um ou vários traços naturais comuns: é sobre a população que serão exercidos, acima de tudo, os biopoderes, os poderes sobre a vida.

---

3 A "Governamentalidade". Op. cit., nota 82.

Poder

Foucault nunca trata o poder como uma entidade coerente, unitária e estável, mas como "relações de poder" que supõem condições históricas de emergência, complexas, e implicam múltiplas consequências, inclusive fora do que a análise filosófica identifica tradicionalmente como o campo do poder. Embora Foucault pareça, por vezes, ter reconsiderado a importância do tema do poder em seu trabalho ("Não é simplesmente o poder, mas o sujeito que constitui o tema geral de minhas pesquisas"),[1] suas análises efetuam dois desvios notáveis: se é verdade que só há poder exercido por uns sobre os outros – "os uns" e "os outros" nunca estiveram fixos num papel, mas, alternada e até simultaneamente, estiveram em cada um dos polos da relação –, então uma genealogia do poder é indissociável de uma história da subjetividade; se o poder não existe a não ser em ato, então é à questão do "como" que cabe analisar suas modalidades de exercício, isto é, tanto a emergência histórica de seus modos de aplicação quanto os instrumentos que ele se atribui, os campos onde intervém, a rede que projeta e os efeitos que implica numa determinada época. Em nenhum caso trata-se, por conseguinte, de descrever um princípio primeiro e fundamental de poder, mas um agenciamento no qual se cruzam as práticas, os saberes e as instituições, e no qual o tipo de objetivo perseguido não se limita apenas à dominação, mas também não pertence a ninguém e, ele mesmo, varia ao longo da história.

A análise do poder exige que se fixe uma série de pontos: 1) o sistema das diferenciações que permite agir sobre a ação dos outros

---

1   O sujeito e o poder. Op. cit, nota 37.

Poder **121**

e que é, ao mesmo tempo, a condição de emergência e a consequência de relações de poder (diferença jurídica de status e de privilégios, diferença econômica na apropriação da riqueza, diferença de posto no processo produtivo, diferença linguística ou cultural, diferença de *know-how* ou de competência...); 2) o objetivo dessa ação sobre a ação dos outros (manutenção dos privilégios, acúmulo de lucros, exercício de uma função...); 3) as modalidades instrumentais do poder (as armas), o discurso, as desigualdades econômicas, os mecanismos de controle, os sistemas de vigilância...); 4) as formas de institucionalização do poder (estruturas jurídicas, fenômenos de costume, locais específicos que possuem um regulamento e uma hierarquia próprios, sistemas complexos como o do Estado...); 5) o grau de racionalização em função de certos indicadores (eficácia dos instrumentos, certeza do resultado, custo econômico e político...). Caracterizando as relações de poder como modos de ação complexos sobre a ação dos outros, Foucault inclui, além disso, em sua descrição, a liberdade, na medida em que o poder se exerce apenas sobre sujeitos − individuais ou coletivos −, "os quais têm diante de si um campo de possibilidade em que várias condutas [...] podem se estabelecer. Onde as determinações estão saturadas, não há relação de poder".[2] A análise foucaultiana destrói, portanto, a ideia de uma confrontação entre o poder e a liberdade: é exatamente tornando-os indissociáveis que Foucault pode identificar no poder um papel não somente repressivo, mas também produtivo (de consequências, de verdade, de subjetividades, de lutas), e que ele pode, inversamente, enraizar os fenômenos de resistência no próprio interior do poder, que eles procuram contestar, e não num improvável "exterior".

A genealogia do poder traçada por Foucault possui, ao mesmo tempo, constantes e variáveis. Se, a partir de Platão, todo o pensamento ocidental considera que há uma antinomia entre o saber e o poder ("onde saber e ciência se encontram, em sua pura verdade, não pode mais haver poder político"),[3] Foucault, seguindo o exemplo de Nietzsche, vai, pelo contrário, procurar desfazer esse mito e reconstruir a maneira pela qual, a cada época, o poder político é urdido

---

2 Ibidem.
3 *A verdade e as formas jurídicas*. Op. cit., nota 38.

com o saber: a maneira pela qual ele dá origem a consequências de verdade e, inversamente, a maneira pela qual os jogos de verdade fazem de uma prática ou de um discurso uma aposta de poder. Mas se, na Idade Média, o poder funciona, *grosso-modo*, por meio do reconhecimento dos sinais de fidelidade e da retenção dos bens, a partir dos séculos XVII e XVIII ele se organiza a partir da ideia de produção e de prestação. Obter dos indivíduos prestações produtivas, o que significa, antes de tudo, ultrapassar a esfera jurídica tradicional do poder – a esfera da soberania – para integrar os corpos dos indivíduos, seus gestos, sua própria vida –, o que Foucault descreverá como o nascimento das "disciplinas", ou seja, como um modelo de governamentalidade cuja racionalidade é, na verdade, uma economia política. Essa disciplinarização sofre, por sua vez, uma modificação, na medida em que o governo dos indivíduos é completado por um controle das "populações", por meio de uma série de "biopoderes" que administram a vida (a higiene, a sexualidade, a demografia...) de maneira global, a fim de permitir uma maximização da reprodução do valor (quer dizer, uma gestão menos dispendiosa da produção). "Haveria, portanto, um esquematismo a ser evitado [...] que consiste em localizar o poder no aparelho de Estado e em fazer do aparelho de Estado o instrumento privilegiado, capital, maior, quase único, do poder de uma classe sobre outra classe":[4] do mesmo modo que o modelo jurídico da soberania não permite considerar a emergência de uma economia política, a crítica política do Estado não permite ressaltar a circulação do poder na totalidade do corpo social e a diversidade de suas aplicações, ou seja, também a variabilidade dos fenômenos de assujeitamento e, paradoxalmente, de subjetivação aos quais o esquematismo dá origem.

---

4   Perguntas a Michel Foucault sobre Geografia. Op. cit., nota 132.

Problematização

Nos últimos dois anos de sua vida Foucault utiliza, com uma frequência cada vez maior, o termo "problematização" para definir sua pesquisa. Por "problematização" ele não entende a reapresentação de um objeto preexistente, nem a criação pelo discurso de um objeto que não existe, mas "o conjunto das práticas discursivas ou não discursivas que introduz algo no jogo do verdadeiro e do falso e o constitui como objeto para o pensamento (seja sob a forma da reflexão moral, do conhecimento científico, da análise política etc.)".[1] A história do pensamento se interessa, assim, por objetos, por regras de ação ou por modelos de relação com o si, na medida em que os *problematiza*: ela se questiona a respeito de sua forma historicamente singular e a respeito da maneira pela qual eles reapresentaram, numa dada época, um certo tipo de resposta a um certo tipo de problema.

Foucault recorre à noção de problematização para distinguir radicalmente a história do pensamento, ao mesmo tempo, da história das ideias e da história das mentalidades. Enquanto a história das ideias interessa-se pela análise dos sistemas de representação que subjazem tanto nos discursos quanto nos comportamentos, e a história das mentalidades interessa-se pela análise das atitudes e dos esquemas de comportamento, a história do pensamento se interessa pela maneira por meio da qual se constituem problemas para o pensamento, e quais estratégias são desenvolvidas para respondê-los: certamente,

---

1   O Cuidado com a Verdade. In: *Ditos e escritos: ética, sexualidade, política*. Rio de Janeiro: Forense Universitária, 2004, v. V, p. 240.

124 Dicionário Foucault | Judith Revel

"para um mesmo conjunto de dificuldades, várias respostas podem ser dadas. E na maior parte do tempo, diversas respostas são realmente dadas. Ora, o que é preciso compreender é aquilo que as torna simultaneamente possíveis: é o ponto onde se arraiga sua simultaneidade; é o solo que pode nutrir todas elas em sua diversidade e, às vezes, a despeito de suas contradições".[2]

O trabalho de Foucault é, assim, reformulado nos termos de uma investigação sobre a forma geral de problematização que corresponde a uma determinada época: o estudo dos modelos de problematização – ou seja, "o que não é nem constante antropológica, nem variação cronológica – é, portanto, a maneira de analisar, em sua forma historicamente singular, questões de alcance geral".[3]

O termo problematização implica duas consequências. Por um lado, o verdadeiro exercício crítico do pensamento se opõe à ideia de uma pesquisa metódica da "solução": a tarefa da filosofia não é resolver – inclusive substituindo uma solução por outra –, mas "problematizar", não reformar, mas instaurar uma distância crítica, fazer atuar o "desprendimento", redescobrir os problemas. Por outro lado, esse esforço de problematização não é de maneira nenhuma um antirreformismo ou um pessimismo relativista: tanto porque ele revela uma real afeição ao princípio de que o homem é um ser pensante – de fato, o termo "problematização" é particularmente empregado no comentário do texto de Kant sobre a questão das Luzes – quanto devido ao seu objetivo: "o que eu procuro fazer é a história das relações que o pensamento mantém com a verdade; a história do pensamento enquanto pensamento de verdade. Todos aqueles que dizem que para mim a verdade não existe são mentes simplistas".[4]

---

2 Polêmica, Política e Problematizações. In: *Ditos e escritos: ética, sexualidade, política*. Rio de Janeiro: Forense Universitária, 2004, v. V, p. 225.
3 What is Enlightenment. Op. cit., nota 3.
4 O Cuidado com a Verdade. Op. cit., nota 187.

Razão/Racionalidade

O termo razão surge inicialmente em Foucault como um dos dois elementos da divisão razão/desrazão que se encontra no cerne da cultura ocidental: enquanto o *Logos* grego não possui antônimo, a razão não existe sem sua negação, isto é, sem o reconhecimento daquilo que, por diferença, a faz ser. Portanto, não é a razão que é originária, mas antes a cesura que lhe permite existir: e é a partir dessa divisão entre a razão e a não-razão que Foucault procura traçar a história num momento muito preciso de nossa cultura – quando a razão procura capturar a não-razão para lhe arrancar sua verdade, isto é, para ampliar o que ela parece, no entanto, excluir, as estruturas de seu poder sob a tripla forma de discursos de saberes, de instituições e de práticas. Existe, portanto, um momento em que a divisão fundadora entre a razão e a não-razão toma a forma da racionalidade, e Foucault dedica sua pesquisa à aplicação dessa racionalidade em diferentes campos – a loucura, a doença, a delinquência, a economia política –, ou seja, igualmente ao modelo de poder que essa racionalidade implica.

O momento em que a cesura razão/não-razão toma a forma de uma hegemonia da racionalidade corresponde ao século XVII ocidental, ou seja, à Idade Clássica. Essa racionalização toma diferentes formas: uma racionalidade científica e técnica que se torna cada vez mais importante no desenvolvimento das forças produtivas e no jogo das decisões políticas, uma racionalidade de Estado que impõe modelos de governamentalidade e procedimentos complexos de controle, uma racionalidade do comportamento que fixa a medida social da norma e do descaminho etc. Foucault, historicizando as transformações da racionalidade moderna, a diferencia cuidadosamente da

126 Dicionário Foucault | Judith Revel

razão, ao passo que a confusão razão/racionalidade é exatamente um dos mecanismos do poder em que consiste sua descrição; e é dentro dessa confusão, cuidadosamente sustentada pelo poder, que se enraíza a ideia de uma "razão como luz despótica",[1] na medida em que "a ligação entre a racionalização e os abusos do poder político se encontra em evidência".[2] Há, portanto, uma história crítica da razão que é a história da transformação das racionalidades e não a história do ato fundador pelo qual a razão, em sua essência, teria sido descoberta: "diferentes instaurações, diferentes criações, diferentes modificações pelas quais racionalidades se engendram mutuamente, se opõem umas às outras, se perseguem reciprocamente".[3]

Não obstante, a referência ao texto kantiano sobre as Luzes (*Was ist Aufklärung?*) leva Foucault a reformular o problema da razão, formulando a hipótese de uma utilização autônoma, madura e crítica da razão: é recuperando a herança das Luzes que se poderá talvez estabelecer uma razão "que só terá efeito de alforria desde que consiga se libertar de si mesma".[4]

---

1   Introdução à edição americana de CANGUILHEM, G. *Normal et le pathologique* op. cit., nota 18.

2   Prefácio à segunda edição do livro de J. Vergès. In: *De la stratégie judiciaire*. Paris: Éditions de Minuit, 1981. Retomado em *Dits et écrits*. Paris: Gallimard, 1994, v. 4, texto nº 290.

3   Estruturalismo e Pós-estruturalismo. In: *Ditos e escritos: arqueologia das ciências e história dos sistemas de pensamento*. Rio de Janeiro: Forense Universitária, 2004, v. II, p. 307.

4   A Vida: a Experiência e a Ciência. In: *Ditos e escritos: arqueologia das ciências e história dos sistemas de pensamento*. Rio de Janeiro: Forense Universitária, 2004, v. II, p. 335.

Resistência/Transgressão

O termo "resistência" é precedido, na obra de Foucault, por uma série de outras noções encarregadas de exprimir uma certa exterioridade – sempre provisória – ao sistema de saber/poder descrito em outros trabalhos: é o caso da "transgressão" (que Foucault toma emprestada de Bataille) e do "exterior" (que Foucault toma emprestado de Blanchot) na década de 1960. Tanto em um caso como no outro, tratava-se de descrever a maneira pela qual o indivíduo singular, por meio de um procedimento que é, em geral, de escrita (daí o interesse de Foucault por Raymond Roussel, por Jean-Pierre Brisset ou por Pierre Rivière), consegue, de maneira voluntária ou fortuita, impedir o sucesso dos dispositivos de identificação, de classificação e de normatização do discurso. Na medida em que não há saber possível sobre objetos impossíveis, esses casos literários "esotéricos", por meio da instauração de uma série de procedimentos linguísticos, representam, num primeiro momento, para Foucault, a impossibilidade da objetivação normativa. O abandono, ao mesmo tempo, da literatura como campo privilegiado e da própria noção de transgressão corresponde, no entanto, à exigência de apresentar o problema de maneira geral (isto é, também para as práticas não discursivas) e não somente no nível da ação individual, mas também da coletiva. O termo resistência surge, então, a partir da década de 1970, com um sentido bastante diferente daquele que tinha a "transgressão": a resistência se dá, necessariamente, onde há poder, porque ela é inseparável das relações de poder; acontece que ela estabelece as relações de poder exatamente quando ela é, por vezes, o seu resultado; na medida em que as relações de poder se encontram em toda parte, a resistência é a possibilidade de abrir espaços de lutas e de administrar possibilidades de transformação por toda parte. A análise dos laços entre as relações de poder e os focos de resistência é, assim, realizada por Foucault em termos de estratégia e de tática: cada movimento de um serve de ponto de apoio para uma contraofensiva do outro.

O laço entre as relações de poder e as estratégias de resistência não é simplesmente redutível a um esquema dialético (como era o caso, por mais que Foucault tenha dito à época, para o par limite/passagem ao limite que instituía, na verdade, a noção de transgressão),[1] porque a descrição do poder, nesse meio-tempo, tornou-se mais complexa. Foucault insiste, então, em três pontos: a resistência não é "anterior ao poder a que ela se opõe. Ela lhe é coextensiva e absolutamente contemporânea".[2] Isso significa que não há anterioridade lógica ou cronológica da resistência − o par resistência/poder não é o par liberdade/dominação −; a resistência tem de apresentar as mesmas características que o poder: "tão inventiva, tão móvel, tão produtiva quanto ele. [...] como ele, ela se organiza, se coagula e se cimenta. [...] como ele, ela vem de baixo e se distribui estrategicamente":[3] a resistência não vem, portanto, do exterior ao poder, ela até se assemelha a ele, pois assume suas características − o que não quer dizer que ela não seja possível; a resistência pode, por sua vez, estabelecer novas relações de poder, assim como novas relações de poder podem, em contraposição, suscitar a invenção de novas formas de resistência: "Elas constituem, em reciprocidade, uma espécie de limite permanente, de ponto de reversão possível [...] De fato, entre relações de poder e estratégias de luta, há uma chamada recíproca, encadeamento indefinido e reversão perpétua".[4] A descrição de Foucault dessa "reciprocidade" indissolúvel não é redutível a um modelo simplista, no qual o poder seria inteiramente considerado como negativo e as lutas como tentativas de libertação:

---

1   Conferir o texto: Prefácio à Transgressão. In: *Ditos e escritos: estética −, literatura e pintura, música e cinema*. Rio de Janeiro: Forense Universitária, 2003, v. III, p. 28.

2   Não ao sexo rei. In: *Microfísica do poder*. Rio de Janeiro: Edições Graal, 1999, p. 126.

3   Ibidem.

4   O sujeito e o poder. Op. cit., nota 37.

não só o poder, como produtor de efeitos de verdade, é positivo, mas as relações de poder só se encontram em todas as partes porque, em todas as partes, os indivíduos são livres. Portanto, não é fundamentalmente contra o poder que nascem as lutas, mas contra alguns efeitos de poder, contra alguns estados de dominação, num espaço que foi, paradoxalmente, aberto pelas relações de poder. E inversamente: se não houvesse resistência, não haveria efeitos de poder, mas simplesmente problemas de obediência.

Se, no começo de sua pesquisa, Foucault colocava o problema da possibilidade da resistência no interior da teia dos dispositivos de poder, ele acaba, nos últimos anos, por derrubar essa proposta. O projeto de uma ontologia crítica da atualidade anda lado a lado com a ideia de uma análise que tomaria como ponto de partida as formas de resistência aos diferentes modelos de poder: "em vez de analisar o poder do ponto de vista de sua racionalidade interna, trata-se de analisar as relações de poder por meio do confronto das estratégias".[5]

---

5   O sujeito e o poder. Op. cit., nota 37.

Revolução

Se ignorarmos as referências históricas à Revolução Francesa, no âmbito das análises específicas que Foucault realiza do século XVIII (as quais não têm por objetivo fazer um julgamento, mas fornecer hipóteses de compreensão), a noção de "revolução" surge, antes de tudo, de maneira puramente negativa. Com efeito, Foucault se levanta, desde a década de 1960, contra os intelectuais que atribuem à sua própria escrita ou ao seu próprio pensamento um valor revolucionário:

> "[...] nos dias de hoje, na França, um certo tipo de escritores da esquerda – já que pertencem ao partido comunista... – bradam que toda escrita é subversiva. É preciso desconfiar, pois, na França, basta fazer esse tipo de declaração para se safar de qualquer atividade política, qualquer que seja. Definitivamente, se o fato de escrever é subversivo, basta traçar letras por mais insignificantes que ela sejam, num pedaço de papel, para se pôr a serviço da revolução mundial".[1]

Essa crítica, que se destina de maneira mal velada Sartre, também é destinada igualmente a todos aqueles que, à maneira de Genet, têm a intenção de "corromper o francês" com o propósito de corromper a sociedade francesa: "Um projeto literário que consistiria na introdução de expressões, de um vocabulário e de uma sintaxe popular no interior da linguagem não pode, de jeito nenhum, ser

---

1   Loucura, Literatura, Sociedade. In: *Ditos e escritos: problematização do sujeito – psicologia, psiquiatria e psicanálise*. Rio de Janeiro: Forense Universitária, 2002, v. I, p. 232.

Revolução **131**

considerado como um projeto revolucionário".[2] De um modo mais amplo, Foucault contesta a ideia de que a revolução deva ser apoiada por uma política organizada (por um partido, por um estado), e se opõe, de maneira bastante vivaz, no início da década de 1970, aos marxistas-leninistas e aos maoístas, opondo-lhes a ideia de um "espontaneísmo" de massa que seria o exato oposto de um vanguardismo revolucionário ou de um planejamento estatal ("a maior parte dos movimentos revolucionários que se desenvolveram recentemente no mundo estiveram mais próximos de Rosa Luxemburgo do que de Lênin").[3] Será preciso esperar a experiência direta do militantismo no Grupo de Informação sobre as Prisões (GIP) e, alguns anos mais tarde, a revolução iraniana (que Foucault "cobriu" para um grande diário italiano), para ver surgir em Foucault um emprego positivo e construído da noção de revolução, isto é, sua associação a um gesto geral de resistência ao poder (um "levante") que seja também produtor (tanto de uma descontinuidade histórica quanto de uma subjetividade coletiva nova). É, em particular, nos dois comentários tardios que Foucault dedica ao texto de Kant "O que São as Luzes?" que essa ideia de revolução como instauração de uma diferença (política, histórica, ontológica) é explicitamente formulada: a revolução é um "acontecimento" que faz a atualidade se manifestar no coração do presente.

A experiência do GIP é, desse ponto de vista, fundamental. Contrariamente a qualquer concepção "universalista" da revolução, Foucault descobre, definitivamente, que a luta sempre se organiza a partir de uma situação específica, a partir da qual a resistência tem de se organizar, e que essa resistência consiste sempre em um movimento de subjetivação coletiva. Isso significa, então, duas coisas: por um lado, um processo revolucionário não pode ser construído a partir de sujeitos previamente constituídos, que teriam a intenção de fundar a possibilidade desse processo, mas, pelo contrário, ele supõe a emergência de sujeitos novos, com frequência difíceis de serem representados, e cuja "subjetivação" progressiva marca com

---

2   Ibidem.
3   Retorno à História. In: *Ditos e escritos: arqueologia das ciências e história dos sistemas de pensamento*. Rio de Janeiro: Forense Universitária, 2004, v. II, p. 282.

precisão a revolta; por outro lado, em toda parte onde há poder, pode haver um "porvir-revolucionário", uma vez que tanto um como o outro não se contrapõem, mas se entremeiam. Não há poder sem resistência, mas também não há resistência que não se suceda no interior das relações de poder – e é essa generalização da possibilidade da "revolta" ou do "levante" – termos que Foucault utiliza mais do que o termo "revolução" – que é, provavelmente, a seus olhos, o mais importante: "Eu diria que o Estado é uma codificação de relações múltiplas de poder que lhe permite funcionar e que a revolução constitui outro tipo de codificação dessas relações. Isso implica que existem tantos tipos de revoluções quanto de codificações subversivas possíveis das relações de poder".[4] O fato é que, então, o problema da possibilidade da revolução é menor do que aquele que Foucault chama, por vezes, de "desejo de revolução", o que o leva a atribuir ao intelectual a tarefa de suscitar em toda parte, onde for possível, esse desejo. O interesse pela revolução iraniana, em 1978-1979, só virá reforçar sua fascinação por situações insurrecionais inéditas, que se parecem muito pouco com as antigas revoluções europeias, e das quais os sujeitos não são redutíveis a identidades coletivas de classe (o proletariado) ou a vanguardas esclarecidas: trata-se antes de compreender a realidade da "insurreição de homens desarmados que querem levantar o peso formidável que pesa sobre cada um de nós"[5] e de se perguntar o que é para nós um "movimento revolucionário no qual não se pode situar a luta de classes, no qual não se pode situar as contradições internas à sociedade, e no qual também não se pode designar uma vanguarda".[6]

Um dos pontos no qual Foucault insiste no primeiro dos dois comentários que ele faz do texto de Kant a respeito das Luzes está ligado exatamente ao significado da noção de "revolução" e ao peso filosófico e político que lhe é preciso conceder. Retomando as intuições que ele havia formulado na década precedente, ele constata: "Ali ainda, a questão não é determinar qual parte da revolução seria

---

4   Genealogia e Poder. Op. cit., nota 62.
5   O Chefe Mítico da Revolta do Irã. In: *Ditos e escritos: repensar a política*. Rio de Janeiro: Forense Universitária, 2004, v. VI.
6   O Espírito de um Mundo sem Espírito. In: *Ditos e escritos – repensar a política*. Rio de Janeiro: Forense Universitária, 2004, v. VI.

conveniente preservar e valorizar como modelo. A questão é saber o que é preciso fazer dessa vontade de revolução, desse *entusiasmo para a revolução*, o qual não é outra coisa senão a própria empresa revolucionária. As duas questões, *O que é a Aufklärung?* e *O que fazer da vontade de revolução?*, definem, elas, o campo de investigação filosófica que trata daquilo que somos em nossa atualidade".[7]

---

7   O que São as Luzes? Op. cit., nota 3.

Saber/Saberes

Foucault diferencia claramente o "saber" do "conhecimento": enquanto o conhecimento corresponde à constituição de discursos sobre classes de objetos julgados cognoscíveis, isto é, à aplicação de um processo complexo de racionalização, de identificação e de classificação dos objetos independentemente do sujeito que os apreende, o saber designa, pelo contrário, o processo pelo qual o sujeito de conhecimento, ao invés de ser fixo, passa por uma modificação durante o trabalho que ele efetua com o objetivo de conhecer. A análise arqueológica conduzida por Foucault até o início da década de 1970 ocupa-se da organização do conhecimento, numa determinada época, e em função de classes de objetos específicos; a análise genealógica que lhe sucede procura reconstituir a maneira pela qual o saber implica tanto uma relação com os objetos de conhecimento (movimento de objetivação) quanto com o si cognoscente (processo de subjetivação).

O saber está basicamente ligado à questão do poder na medida em que, a partir da Idade Clássica, é por meio do discurso da racionalidade – isto é, a separação entre o científico e o não-científico, entre o racional e o não-racional, entre o normal e o anormal – que será efetuada uma ordenação geral do mundo, quer dizer, também, dos indivíduos, que passam, ao mesmo tempo, por uma forma de governo (o Estado) e por procedimentos disciplinares. A disciplinarização do mundo por meio da produção de saberes locais corresponde à disciplinarização do próprio poder: na verdade, o poder disciplinar, "quando se exerce nesses mecanismos sutis, não pode fazê-lo sem a formação, a organização e a disponibilização de um saber, ou melhor, de aparelhos de saber",[1] isto é, de instrumentos efetivos de acumu-

---

1   Genealogia e Poder. Op. cit., nota 62.

Saber/Saberes **135**

lação do saber, de técnicas de arquivamento, de conservação e de registro, de métodos de investigação e de pesquisa, de aparelhos de verificação etc. Ora, o poder não pode disciplinar os indivíduos sem produzir igualmente, a partir deles e sobre eles, um discurso de saber que os objetive e antecipe qualquer experiência de subjetivação. A articulação poder/saber(es) será, portanto, dupla: "poder de extrair dos indivíduos um saber, e de extrair um saber a respeito desses indivíduos submetidos à observação e previamente controlados".[2] Tratar-se-á, por conseguinte, de analisar não só a maneira pela qual os indivíduos se tornam sujeitos de governo e objetos de conhecimento, mas também a maneira pela qual a produção de um discurso sobre si acaba por ser exigida dos sujeitos – um discurso sobre sua existência, sobre seu trabalho, sobre seus afetos, sobre sua sexualidade etc. – a fim de fazer da própria vida, transformada em objeto de múltiplos saberes, o campo de aplicação de um biopoder.

A transformação dos procedimentos de saber acompanha as grandes mutações das sociedades ocidentais: é assim que Foucault é levado a identificar diferentes formas de "poder-saber" e a trabalhar sucessivamente com a *medida* (ligada à constituição da cidade grega), com a *investigação* (ligada à formação do Estado medieval) e com o *exame* (ligado aos sistemas de controle, de gestão e de exclusão próprios das sociedades industriais). A forma do exame será fundamental nas análises que Foucault dedica ao nascimento da governamentalidade e ao controle social: ela implica um modelo de poder basicamente administrativo que "impôs ao saber a forma do conhecimento: um sujeito soberano que tem por função a universalidade e um objeto de conhecimento que deve ser reconhecível por todos como já estando ali".[3] Ora, o paradoxo está ligado exatamente ao fato de que não se trata, na verdade, de modificações do saber de um sujeito de conhecimento que seria atingido pelas transformações da infraestrutura, mas de formas de poder-saber que, funcionando no nível da infraestrutura, dão origem à relação do conhecimento historicamente determinada, a qual se baseia no par sujeito-objeto.

---

2   *A verdade e as formas jurídicas*. Op. cit., nota 38.
3   *A Casa dos Loucos*. In: *Ditos e escritos: problematização do sujeito – psicologia, psiquiatria e psicanálise*. Rio de Janeiro: Forense Universitária, 2002, v. I, p. 309.

Sexualidade

O tema da sexualidade não surge em Foucault nem como discurso sobre a organização fisiológica do corpo nem como estudo do comportamento sexual, mas como o prolongamento de uma analítica do poder: trata-se, com efeito, de descrever a maneira pela qual esse prolongamento, a partir do fim do século XVIII, abrange, por meio de discursos e práticas de "medicina social", uma série de aspectos fundamentais da vida dos indivíduos: a saúde, a alimentação, a sexualidade etc. A sexualidade é, portanto, num primeiro momento, apenas um dos campos de aplicação daquilo que Foucault chama à época de biopoderes. Num segundo momento, no entanto, Foucault transforma a sexualidade num objeto de investigação específica, na medida em que, insistindo na maneira pela qual o poder sempre se articula sobre discursos de "veridicção", isto é, dos "jogos de verdade", essas relações com o dizer verdadeiro em nenhum outro campo são mais evidentes do que no campo da sexualidade, pois pertencemos a uma civilização na qual se exige dos homens dizer a verdade a respeito de sua sexualidade para poder dizer a verdade sobre si mesmos: "a sexualidade, muito mais do que um elemento do indivíduo que seria descartado por ele, é constitutiva desse laço, o qual obriga as pessoas a aderir à sua identidade sob a forma da subjetividade".[1] O projeto de uma história da sexualidade torna-se, assim, uma interrogação sobre a maneira pela qual as práticas e os discursos da religião, da ciência, da moral, da política ou da economia contribuíram para fazer da sexualidade tanto um instrumento de subjetivação quanto uma aposta de poder.

---

1   Sexualidade e Poder. Op. cit., nota 2.

Foucault distingue cuidadosamente entre "sexo" e "sexualidade":

> "Isso em que se aplicou inicialmente o discurso de sexualidade não era o sexo, era o corpo, os órgãos sexuais, os prazeres, as relações de aliança, as relações interpessoais [...] um conjunto heterogêneo que, finalmente, foi recoberto pelo dispositivo de sexualidade, o qual produziu, num determinado momento, como chave de abóboda de seu próprio discurso e talvez de seu próprio funcionamento, a ideia do sexo".[2]

Se a ideia do sexo é intrínseca ao dispositivo da sexualidade, deve-se, então, reencontrar em seu fundamento uma economia positiva do corpo e do prazer: é nessa direção que irá a análise de Foucault ao procurar distinguir a problematização da sexualidade como *afrodisia* no mundo greco-romano e a problematização da carne no cristianismo.

A modificação do projeto da *História da sexualidade* tal como ela havia sido, inicialmente, exposta no prefácio de *A vontade de saber*, em 1976, pode ser compreendida a partir do estudo efetuado a respeito do tema da sexualidade. O que parece, certamente, interessar a Foucault, a partir do fim da década de 1970, é mais o problema apresentado pelas "técnicas de si" e pela possibilidade dos processos de subjetivação do que a história da sexualidade como objeto de veridicção: o erótico grego apresenta a sexualidade mais como um problema de escolha do que como um lugar de verdade sobre o si. A passagem pela cultura antiga permitiu a Foucault, por conseguinte, desenvolver sua análise do poder fora do campo do conhecimento no sentido estrito – quer se trate de discursos, de instituições ou de práticas –, isto é, ao contrário, numa relação com o si, que se dá, antes de tudo, como experiência de si, como *ethos*.

---

2   Sobre a história da sexualidade. Op. cit., nota 64.

Cuidado de si/Técnicas de si

No início da década de 1980, o tema do cuidado de si surge no vocabulário de Foucault no prolongamento da ideia de governamentalidade. À análise do governo dos outros segue, com efeito, a análise do governo de si, isto é, a maneira pela qual os sujeitos se relacionam consigo mesmos e tornam possível a relação com outrem. A expressão "cuidado de si", que é uma retomada da *epimeleia heautou*, que se encontra, em particular, no *Primeiro Alcebíades* de Platão, indica, na verdade, o conjunto das experiências e das técnicas que elaboram o sujeito e o ajudam a transformar-se em si mesmo. No período helenístico e romano, no qual se concentra rapidamente o interesse de Foucault, o cuidado de si inclui a máxima délfica do *gnôthi seautón,* mas ele não se reduz a isso: a *epimeleia heautou* corresponde mais a um ideal ético (fazer de sua vida um objeto de *tekhnê,* uma obra de arte) do que a um projeto de conhecimento em sentido estrito.

A análise do cuidado de si permite, na verdade, o estudo de dois problemas. O primeiro consiste em compreender, em particular, como o nascimento de um conjunto de técnicas ascéticas, a partir do conceito clássico de cuidado de si, foi, posteriormente, atribuído ao cristianismo. "Nenhuma técnica, ou habilidade profissional, pode ser adquirida sem a prática; não se pode tampouco aprender a arte de viver, a *tekhnê tou biou,* sem uma *askêsis* que deve ser considerada como uma aprendizagem de si por si".[1] Qual é, então, o elemento que diferencia a ética greco-romana da moral da pastoral cristã? E

---

1   Sobre a genealogia da ética: um panorama do trabalho em curso. Op. cit., nota 172.

não é exatamente na articulação do cuidado de si com essas *afrodisia* que se pode, particularmente, compreender essa passagem? O segundo problema diz respeito exatamente à história dessas *afrodisia* como campo de investigação específico da relação com o si: trata-se de procurar apreender como os indivíduos foram levados a exercer, sobre si mesmos e sobre os outros, "uma hermenêutica do desejo cujo comportamento sexual dos indivíduos foi certamente a oportunidade, mas não a área exclusiva", de analisar os diferentes jogos de verdade empregados no movimento de constituição do si como sujeito de desejo.

Na Antiguidade Clássica, o cuidado de si não se opõe ao cuidado dos outros: ele implica, inversamente, relações complexas com os outros, porque é importante, para o homem livre, incluir em sua "boa conduta" uma maneira adequada de governar sua esposa, seus filhos ou sua casa. O *ethos* do cuidado de si é, portanto, igualmente uma arte de governar os outros, e, por isso, é crucial saber tomar conta de si para poder governar bem a cidade. É nesse ponto, e não na dimensão ascética da relação com o si, que se efetua a ruptura da pastoral cristã: o amor a si torna-se a raiz de diferentes falhas morais, e o cuidado dos outros implica, daí em diante, uma renúncia ao si ao longo da vida terrena.

Estrutura/Estruturalismo

A noção de estrutura foi, com frequência, sobreposta à noção, mais foucaultiana, de *epistema*, alimentando assim a identificação de Foucault à corrente estruturalista na década de 1960. Na verdade, apesar de uma aproximação, por vezes, reivindicada bem no início de seu trabalho, o filósofo não deixou, a partir de *As palavras e as coisas*, em 1966, de querer aumentar a distância entre suas próprias pesquisas e a pesquisa dos estruturalistas. A contiguidade ambígua dos primeiros tempos decerto se justificava a partir de dois pontos fundamentais: por um lado, uma crítica radical da figura do sujeito – em particular, na versão fenomenológica dessa figura – e, mais ainda, a crítica dos ecos psicologizantes da consciência sartriana –; por outro lado, a vontade de descrever um campo preciso, na escala da longa ou da bem longa duração,[1] através do estudo das determinações, das diferenças e das remanescências que atuam nesse campo, ou seja, privilegiando mais o estudo das relações que aí se dão do que os elementos dos quais tratam essas relações. O estudo da linguagem como dimensão privilegiada dessa nova abordagem, nesse momento, aproximou efetivamente Foucault de Lacan, de Jakobson ou dos jovens críticos e escritores da revista *Tel Quel*. Assim como explica o próprio Foucault:

> "Então o problema da linguagem acabou por se fazer notório, e percebeu-se que a fenomenologia não era capaz de abordar, bem como uma análise estrutural, os efeitos de sentido que podiam ser

---

1 *La longue durée* é uma teoria desenvolvida pelo historiador francês Fernand Braudel (1902-1985), a qual consiste numa nova abordagem da pluralidade do tempo na história (estrutura, conjuntura, acontecimento). (N.T.)

Estrutura/Estruturalismo **141**

produzidos por uma estrutura de traços linguísticos, estrutura em que o sujeito, no sentido da fenomenologia, não atuava como doador de sentido. E como é de se esperar, a noiva fenomenológica, sendo desqualificada por sua incapacidade de tratar da linguagem, foi o estruturalismo que se tornou a nova noiva".[2]

No início da década de 1960, de fato, encontra-se, em Foucault uma grande quantidade de textos em que é abertamente reivindicado um "parentesco de método" com alguns representantes do estruturalismo, em nome de uma dupla crítica comum do "humanismo" e da visão teleológica da história, assim como uma fascinação pela linguística, pela gramática, pela materialidade do signo (em oposição à evanescência do significado) e pela economia geral daquilo que, então, ele chama de "massa discursiva". Como Foucault explica, procurando analisar retrospectivamente sua própria história intelectual:

> "Na metade da década de sessenta, chamaram de *estruturalistas* aquelas pessoas que haviam realizado pesquisas completamente diferentes umas das outras, mas que apresentavam um ponto em comum: elas procuravam finalizar, contornar um modelo de filosofia, de reflexão e de análises centradas basicamente na afirmação da primazia do sujeito. Essa atitude ia do marxismo, então assombrado pela noção de alienação, ao existencialismo fenomenológico, centrado na experiência vivida, a essas tendências da psicologia que, em nome da experiência de sua adequação ao homem – digamos a experiência de si –, recusavam o inconsciente".[3]

Contudo, desde os primeiros trabalhos foucaultianos, a historicização dos modelos de organização do discurso é patente: em Foucault, nada pode realmente ocorrer como "invariante absoluta", uma vez que tudo, pelo contrário, *sempre* ocorre *com antecedência* em uma história. É preciso, portanto, conjugar, ao mesmo tempo, "estrutura" e periodização, "sistema" de representações e história – o que realmente levará Foucault a lecionar no Collège de France numa cadeira de "história dos sistemas de pensamento". É nesse sentido que as noções de *estrutura* e de *episteme* devem ser cuidadosamente diferenciadas: da primeira, Foucault observa que finalmente ela

---

2   Estruturalismo e Pós-estruturalismo. Op. cit., nota 193.
3   Entrevista de Michel Foucault para Duccio Trombadori, Paris, fim de 1978. Op. cit., nota 94.

142 Dicionário Foucault | Judith Revel

está se substituindo, com demasiada frequência, pela antiga figura do sujeito da qual ela retoma rapidamente o caráter anti-histórico e transcendental, e que, se ela atravessa a história, paradoxalmente não lhe pertence; da segunda, em contraposição, é preciso destacar que ela só ocorre no contexto de uma periodização extremamente precisa (de acordo com os casos: na Idade Clássica, no progresso das ciências naturais e humanas no século XVIII, no nascimento do liberalismo etc.), e que ela implica um consequente recorte histórico. Não existe estrutura que não seja, por sua vez, o produto de uma determinada história, e essa estrutura historicamente determinada, ao ser aplicada ao campo do conhecimento, é exatamente o que Foucault chama de uma *epistema*.

A partir do fim da década de 1960, os distanciamentos em relação ao estruturalismo se intensificam; provavelmente elas culminam com o fecho da aula inaugural que Foucault ministra no Collège de France, em 1970: "E agora aqueles que têm lacunas de vocabulário dizem – se lhes parece melhor aceitar do que discutir – que isso é estruturalismo".[4] Por outro lado, os distanciamentos têm efeito num campo mais restrito do que o da própria história: fascinado inicialmente pela história em série, pela história econômica e pelas análises da longa duração, Foucault, sem nunca desmentir a enorme influência que teve em suas análises a historiografia francesa dos Anais, se aproxima mais daqueles que tentam, no próprio interior dessa historiografia, construir a partir da década de 1970 um novo status para a história acontecimental. É assim que é preciso ler, por exemplo, a obra coletiva a respeito de Pierre Rivière, ou sua colaboração mais tardia com uma historiadora como Arlette Farge. No entanto, algumas leituras recentes questionam o trabalho de Foucault, levantando a questão sobre se o poder – do qual Foucault não deixou de descrever os dispositivos e as consequências, as estratégias e as práticas –, na verdade, não desempenha o papel de uma estrutura que atravessaria, segundo suas articulações e suas mutações, a história em sua totalidade.

Em alguns textos, Foucault destaca, em contrapartida, a importância extrema do formalismo: "Eu não estou certo de que seria

---

4   *A ordem do discurso.* Op. cit., nota 24.

Estrutura/Estruturalismo **143**

muito interessante redefinir o que se chamou àquela época de estruturalismo. O que me parece, em contrapartida, interessante – e, se eu tivesse disponibilidade, gostaria de fazê-lo – seria estudar o que foi o pensamento formal, o que foram os diferentes modelos de formalismo que atravessaram a cultura ocidental durante o século XX. Quando se pensa no extraordinário destino do formalismo em pintura, pesquisas formais em música, quando se medita sobre a importância que teve o formalismo na análise do folclore, das lendas, em arquitetura, em sua aplicação em alguns de seus modelos no pensamento teórico [...]."[5] O formalismo parece particularmente fascinar Foucault, na medida em que ele marca a emergência, no início do século XX, de "movimentos políticos, digamos críticos, de esquerda, e até em alguns casos revolucionários"[6] que serão, a partir da década de 1930, recobertos pelo dogmatismo marxista, mas que, originalmente, se atribuíam "com muita frequência uma forte referência ao marxismo e que, ao mesmo tempo, exerciam em relação ao marxismo dogmático dos partidos e das instituições uma violenta crítica". Em oposição ao estruturalismo, o formalismo parece, portanto, incluir, para Foucault, uma tripla relação com a história, com a crítica das ideologias e com a resistência.

---

5   Estruturalismo e Pós-estruturalismo. Op. cit., nota 193.
6   Ibidem.

Subjetivação (processo de)

O termo "subjetivação" designa, com Foucault, um processo pelo qual se obtém a constituição de um sujeito, ou, mais exatamente, de uma subjetividade. Os "modos de subjetivação" ou "processos de subjetivação" do ser humano correspondem, na verdade, a dois tipos de análise: por um lado, os modos de objetivação que transformam os seres humanos em sujeitos – o que significa que há apenas sujeitos objetivados e que os modos de subjetivação são, nesse sentido, práticas de objetivação; por outro lado, a maneira pela qual a relação com o si, por meio de uma série de técnicas de si, permite ao ser humano se constituir como sujeito de sua própria existência.

Foucault destaca, num primeiro momento, três modos principais de subjetivação: "os diferentes modos de investigação, que procuram ascender ao status de ciência",[1] como a objetivação do sujeito que fala, na gramática ou na linguística, ou ainda a objetivação do sujeito produtivo na economia e na análise das riquezas; as "práticas divisoras", que dividem o sujeito em seu próprio interior (ou em relação aos outros sujeitos) para classificá-lo e constituí-lo como objeto – como a divisão entre o louco e o são de espírito, o doente e o homem saudável, o homem de bem e o criminoso etc.; por fim, a maneira pela qual o poder abrange o sujeito, servindo-se não só dos modos de subjetivação já citados, mas também inventando outros: é toda a aposta das técnicas de governamentalidade. Num segundo momento, a questão de Foucault parece se inverter: se é verdade que os modos de subjetivação produzem, ao objetivá-los, algo como sujeitos, como esses sujeitos se relacionam consigo mesmo? Quais

---

1   O sujeito e o poder. Op. cit., nota 37.

Subjetivação (processo de) **145**

procedimentos o indivíduo estabelece, a fim de se apropriar ou de se reapropriar de sua própria relação com o si?

É a partir desse último ponto que Foucault se dedica, por exemplo, à análise detalhada dos *hupomnêmata* e, de um modo mais amplo, da escrita privativa entre a Antiguidade Clássica e os primeiros séculos da Era Cristã: de qualquer modo, trata-se de compreender as modalidades de uma relação com o si, que passa pela retomada do exercício contínuo de um procedimento de escrita de si e para si, ou seja, um procedimento de subjetivação. Porém, ao passo que, para os *hupomnêmata* gregos, "se buscava constituir a si mesmo como sujeito de ação racional por meio da apropriação, da unificação e da subjetivação de um já dito fragmentário e escolhido, no caso da anotação monástica das experiências espirituais, buscar-se-á desentocar do âmago da alma os movimentos mais ocultos para que se possa deles se libertar".[2]

---

2   A Escrita de Si. Op. cit., nota 34.

Sujeito/Subjetividade

O pensamento de Foucault apresenta-se, desde o início, como uma crítica radical do sujeito tal qual é entendido pela filosofia "de Descartes a Sartre", isto é, como consciência solipsista e anistórica, autoconstituída e absolutamente livre. O desafio é, portanto, em contraposição às filosofias do sujeito, chegar a

> "uma análise que possa explicar a constituição do sujeito na trama histórica. E é isso que eu a chamaria de genealogia, ou seja, um modelo de história que leva em conta a constituição dos saberes, dos discursos, dos campos de objetos etc., sem ter de se referir a um sujeito, quer seja transcendental em relação ao campo de acontecimentos, quer ele siga na sua identidade vazia, ao longo de toda a história".

Portanto, resta pensar o sujeito como um objeto historicamente constituído com base em determinações que lhe são exteriores: a questão que apresenta, por exemplo, *As palavras e as coisas* volta a questionar essa constituição segundo a modalidade específica do conhecimento científico, uma vez que se trata de compreender como o sujeito pôde, numa determinada época, se tornar um objeto de conhecimento e, inversamente, como esse status de objeto de conhecimento surtiu efeitos nas teorias do sujeito como ser vivo, falante e trabalhador.

A afirmação de que o sujeito possui uma gênese, uma formação, uma história, e que ele não é original, provavelmente foi muito influenciada em Foucault pela leitura de Nietzsche, de Blanchot e de Klossowski, e talvez pela leitura de Lacan; ela não é indiferente à assimilação frequente do filósofo à corrente estruturalista na década de 1960, já que a crítica das filosofias do sujeito se encontra tanto em Dumézil, em Lévi-Strauss, quanto em Althusser. O problema da subjetividade, isto é, "a maneira como o sujeito realiza a experiência de si mesmo num jogo de verdade, no qual ele se relaciona consigo, torna-se então o centro das análises do filósofo: se o sujeito se constitui, não é com fundamentação numa identidade psicológica, mas por meio de práticas que podem ser de poder ou de conhecimento, ou por meio de técnicas de si.

O problema da produção histórica das subjetividades pertence assim tanto à descrição arqueológica da constituição de um conjunto de saberes sobre o sujeito, à descrição genealógica das práticas de dominação e das estratégias de governo, às quais os indivíduos podem ser submetidos, quanto à análise das técnicas por meio das quais os homens, trabalhando a relação que os liga a si mesmos, se constituem e se transformam: "ao longo de sua história, os homens nunca deixaram de se construir, isto é, de deslocar continuamente sua subjetividade, de se constituir numa série infinita e múltipla de subjetividades diferentes, as quais nunca terão fim e nunca nos colocarão diante de algo que seria o homem".[1] Esse local não atribuível da subjetividade em movimento, em perpétuo "desprendimento" em relação a si mesma, é, ao mesmo tempo, para Foucault, o produto das determinações históricas e do trabalho com o si (cujas modalidades são, por sua vez, históricas), e é nessa dupla ligação que se ata o problema da resistência subjetiva das singularidades: o local da invenção do si não se encontra fora da teia do saber/poder, mas em sua torção íntima – e o percurso filosófico de Foucault parece estar aí para nos dar o exemplo dessa invenção.

---

1   Foucault. In: *Ditos e escritos: – ética, sexualidade, política*. Rio de Janeiro: Forense Universitária, 2004, v. V, p. 234.

Verdade/Jogo de verdade

Ao passo que a filosofia moderna, desde Descartes, sempre esteve ligada ao problema do conhecimento, isto é, à questão da verdade, Foucault desloca seu foco: "Desde Nietzsche, a questão se transformou. Não mais: qual é o caminho mais seguro da Verdade?, porém qual foi o caminho arriscado da verdade?"[1] Trata-se, por conseguinte, de reconstituir uma verdade restituída à história e isenta de relações com o poder, e de identificar, nela, ao mesmo tempo, as múltiplas coerções e as apostas, na medida em que cada sociedade possui seu próprio regime de verdade, ou seja,

> "os modelos de discurso que ela recebe e coloca em atividade como verdadeiros; os mecanismos e as instâncias que permitem diferenciar os enunciados verdadeiros dos falsos, a maneira pela qual se ratifica tanto uns como os outros; as técnicas e os procedimentos que são valorizados para a obtenção da verdade; o status daqueles que têm a tarefa de indicar aquilo que funciona como verdadeiro".[2]

As análises de Foucault procuraram, em particular, focalizar as características de nosso próprio regime de verdade. Esse regime possui, com efeito, várias especificidades: a verdade está centrada no discurso científico e nas instituições que o produzem; ela é permanentemente utilizada tanto pela produção econômica quanto pelo poder político; é amplamente difundida, tanto por meio das instâncias educativas quanto pela informação; ela é produzida e transmiti-

---

1   Perguntas a Michel Foucault sobre Geografia. Op. cit., nota 132.

2   La fonction politique de l'intellectuel. In: *Politique-Hebdo*, 29 de novembro – 5 de dezembro de 1976. Retomado em *Dits et écrits*. Paris: Gallimard, 1994, v. 3, texto nº 184.

Verdade/Jogo de verdade **149**

da sob o controle dominante de alguns grandes aparelhos políticos e econômicos (universidades, mídias, escrita, forças armadas); ela é o motivo de um embate social e de um debate político violento, sob a forma de "lutas ideológicas". Assim sendo, o problema parece ser, para Foucault, investigar os jogos de verdade – isto é, as relações por meio das quais o ser humano se constitui historicamente como experiência – que possibilitam ao homem uma autoavaliação quando este se identifica como louco, como doente, como desviado, como trabalhador, ser vivente ou falante, ou ainda como homem de desejo. É por essa razão que o filósofo define seu trabalho, no fim de sua vida, e de maneira retrospectiva, como uma "história da verdade".

O tema dos "jogos de verdade" é onipresente em Foucault a partir do momento em que a análise das condições de possibilidade da constituição dos objetos de conhecimento e a análise dos modos de subjetivação são dadas como indissociáveis. Na medida em que essa objetivação e essa subjetivação são dependentes uma da outra, a descrição de seu desenvolvimento mútuo e de sua ligação recíproca é exatamente o que Foucault chama de "jogos de verdade", ou seja, não a descoberta daquilo que é verdadeiro, mas das regras segundo as quais aquilo que um sujeito diz a respeito de um certo objeto pode decorrer da questão do verdadeiro e do falso. Por vezes, Foucault utiliza igualmente o termo "veridicção" com o propósito de apontar essa emergência de modelos que possibilitam aos discursos, qualificados como verdadeiros em função de alguns critérios, a sua articulação em torno de algo específico.

Vida

O tema da vida é abordado por Foucault sob três ângulos principais. O primeiro, ligado à reivindicação de um certo status do arquivo, consiste em ler, basicamente nos registros do Hospital Geral e da Bastilha, nos séculos XVII e XVIII, a narrativa fragmentária da existência de homens anônimos, assim como tantos vestígios daquilo que Foucault nomeia "a tomada de poder sobre o ordinário da vida".[1] Antes que os procedimentos administrativos, certamente, comprimissem esses "casos" no interior de uma nomenclatura que se limita a registrar seus dados básicos e que os passe pelo crivo de sua própria categorização, como será, em geral, o caso a partir do século XIX, Foucault é surpreso pela força desses fragmentos anônimos de existência dos quais ele destaca tanto a violência quanto o caráter poético, a extrema teatralização e a selvageria: ele tenciona então lhes dedicar uma antologia, projeto que se tornaria, finalmente, uma coleção editorial da Éditions Gallimard, "Les vies parallèles". Nessa coleção foram publicados o ensaio de Herculine Barbin e Le cercle amoureux d'Henri Legrand. Interessar-se por essa "vida dos homens infames", que intitula, em 1977, um dos mais belos textos de Foucault, significa se dedicar à compreensão de como o detalhamento do ínfimo e as estratégias de poder se entrelaçam, e por que "essas coisas que compõem o costume, o detalhe sem importância, a obscuridade, os dias sem glória, a vida comum, podem e devem ser ditas – melhor, escritas".[2]

---

1   A Vida dos Homens Infames. Op. cit., nota 15.
2   Ibidem.

Vida **151**

O segundo ângulo é o da biopolítica e dos biopoderes – no sentido estrito: poderes sobre a vida – cronologicamente, ele representa o segundo episódio desse detalhamento da vida, mas aí acrescenta-lhe uma nova dimensão, a dimensão da emergência de novos tipos de saber (o saber da polícia, o da instituição penal, o saber da psiquiatria...). A partir do século XIX, com efeito, a vida se torna tanto o objeto quanto o projeto das relações de poder: na genealogia econômica, demográfica e política dessa nova maneira de governar os homens à qual Foucault se entrega, insistindo, então, na maneira pela qual se aborda a vida em seus aspectos mais íntimos, a fim de maximizar a produção e de minimizar os custos, isto é, a maneira pela qual a sexualidade e a alimentação, a demografia e a saúde se tornam repentinamente a matéria de políticas públicas. Por fim, na década de 1980, e exatamente porque Foucault acaba de fazer uma descrição ramificada e apurada do poder, quase totalizadora, ele parece voltar à definição de biopoderes (poderes sobre a vida) num espaço de resistência possível: onde a vida é entregue a procedimentos de gestão e de controle, de exploração e de captação, ela pode, ao contrário, afirmar aquilo que nenhum poder jamais possuirá: sua própria capacidade de criação. A oposição entre o poder e essa capacidade – que nunca se apresenta diretamente em Foucault, mas que se observa, em compensação, à mesma época em Deleuze – é, apesar de tudo, confirmada pela onipresença nos textos foucaultianos que se referem à criação e à invenção.

Onde o poder *se aplica* à vida, a vida *inova*; onde o poder assujeita a vida, ela resiste estabelecendo uma estratégia que é, ao mesmo tempo, ontológica e política: uma criação, uma ampliação do ser. Isso explica, então, que um dos temas recorrentes nos últimos textos de Foucault seja exatamente a possibilidade de "fazer de sua vida uma obra de arte", ou seja, de instaurar uma relação com o si e com sua própria existência que realce a "criação de novos modelos de vida, de relações, de amizades, na sociedade, na arte, na cultura, [...] que serão instaurados por meio de nossas escolhas sexuais, éticas, políticas".[3] E Foucault conclui:

---

3   Michel Foucault, uma entrevista: Sexo, poder e a política da identidade. In: *Verve – Revista do Nu-Sol.* Tradução de Wanderson Flor do Nascimento. São Paulo: Programa de Estudos Pós-Graduados em Ciências Sociais da PUC-SP, n. 5, 2004, p. 260-277.

152 Dicionário Foucault | Judith Revel

"Nós temos não só de nos defender, mas também de nos afirmar, e temos de nos afirmar não só como identidade, mas também como força criadora".[4]

As análises biopolíticas de Foucault demonstram a maneira pela qual as relações de poder, atuando no duplo nível do indivíduo e da população, abarcam a totalidade da vida. A vida é então "naturalizada", a fim de permitir tanto a patologização das formas de descaminho social quanto a instauração, substituindo a antiga regra jurídica, pelo recurso sistemático à "norma" como novo instrumento de gestão dos seres vivos. Que não nos enganemos aí: a naturalidade da vida (que se volta a observar na medicalização dos dispositivos de controle e se encontra, nos dias de hoje, nas apostas da nova engenharia genética ou na gestão atuarial do "risco", em função das predisposições ou da exposição de cada um a uma ou outra patologia) é um engodo. É essa "naturalidade" que é a estratégia crucial dos biopoderes: de modo algum, para Foucault, a resposta da capacidade da vida aos poderes sobre a vida não poderá, portanto, ocorrer em termos "naturais" – ocorreria pelo menos porque o conceito de "natureza" é suscetível de ser examinado e desconstruído, e porque ele própio é o produto de uma determinada história.

A vida parece estar, nos dias de hoje, no centro de uma série de trabalhos que são inspirados nas análises foucaultianas. Tudo o que está em jogo parece exatamente, para autores como Giorgio Agamben ou Roberto Esposito,[5] definir o que se entende por "vida". Se, à primeira vista, eles respeitam a intenção de Foucault (o primeiro distinguindo cuidadosamente entre *Bios* e *Zoé*,[6] o segundo intitulando justamente um de seus livros *Bios*), a verdade é que Agamben associa imediatamente a biopolítica ao que ele nomeia "a vida nua" (fazendo do partido nacional-socialista o próprio paradigma da

---

4   FOUCAULT, Michel. *Uma entrevista: Sexo, poder e a política da identidade.* Op. cit., nota 226.

5   AGAMBEN, Giorgio. *Homo sacer – O poder soberano e a vida nua.* Tradução de Henrique Burigo. Belo Horizonte: Editora UFMG, 2002.

6   Os gregos não possuíam um único termo para exprimir o que se entende por *vida.* Eles utilizavam *zoé* ou *zoï* (ζωή), que significava o simples fato de viver, comum a todos os seres vivos, e *bios* (βίος), significando a maneira de viver, própria de um ser singular ou de um grupo. (N.T.)

biopolítica), e que Esposito não para de explorar todas as variações políticas da imunidade e da propagação da biopolítica. O perigo não é, então, pensar a resistência política – a capacidade da existência como força criadora de novos modelos de vida – à maneira pela qual os biopoderes reduzem paradoxalmente a vida, quer dizer, a uma pura naturalidade?

Georges Bataille

O nome de Georges Bataille é basicamente associado, no trabalho de Michel Foucault, a um texto de 1963 que foi publicado pela revista *Critique* no número dedicado ao seu fundador à época de sua morte. Esse texto, "Prefácio à Transgressão", testemunha não só a importância da literatura nas pesquisas foucaultianas no início da década de 1960, mas também o lugar que Bataille teve na construção de uma espécie de contradiscurso que Foucault mantém à margem, e às vezes em contraposição, dos livros que ele publicou à época. Com efeito, enquanto a *História da loucura* parece analisar a maneira pela qual, a partir da Idade Clássica, os dispositivos de exclusão funcionam paradoxalmente como estratégias de inclusão e de controle – isto é, que qualquer exterioridade (à razão) é ainda uma derivação da própria razão, que qualquer alteridade é mais uma figura do mesmo –, a referência a Bataille é uma daquelas que permitem a Foucault pensar de maneira diferente o tema da exterioridade, retribuindo-lhe uma autonomia e uma consistência próprias.

O conceito que Foucault utiliza, então, é precisamente aquele da "transgressão" entendido como "passagem ao limite", como "experiência". Independentemente das referências específicas a Bataille (ao erotismo, à morte, ao olho, à tauromaquia), é a possibilidade de sair dessa estrutura inclusiva e totalizante, que ele mesmo havia descrito como característica da *epistema* moderna – a qual ele reafirmará, num outro campo de investigação, com uma periodização um pouco diferente, durante a publicação de *As palavras e as coisas*, em 1966 – que parece fascinar Foucault: "[...] uma experiência singular se projeta, a experiência da transgressão. Talvez um dia ela parecerá tão decisiva para nossa cultura, tão enterrada em seu solo quanto o foi outrora, para o pensamento dialético, a experiência da contradição".[1] No entanto, a dificuldade é dupla, e Foucault parece ter total consciência dela: escapar, por um lado, a uma estrutura perfeitamente dialética, que deseja que a transgressão seja, na verdade, uma confirmação do limite que ela nega; por outro lado, fazer desse trabalho do negativo, contrariamente à *Aufhebung* hegeliana, uma filosofia da afirmação não positiva, "uma afirmação que não afirma nada, em plena ruptura da transitividade".[2] É sem dúvida porque essa afirmação não era fácil de sustentar que Foucault finalmente deixou de se referir a ela. E é surpreendente constatar que, após ter tentado transpor esse duplo obstáculo uma vez mais, substituindo a transgressão de Bataille pelo "exterior" de Blanchot, Foucault finalmente tenha seguido um percurso em que não se tratava mais de valorizar tanto "o coração vazio em que o ser atinge seu limite e no qual o limite define o ser"[3] quanto seu exato contrário: a plenitude da invenção de modelos de vida no interior das próprias estruturas do poder, o que Foucault, no fim de sua vida, chamaria exatamente de a "intransitividade da liberdade". Contudo, Foucault sempre reconhecerá uma dívida para com Bataille – associando-o a duas outras figuras sob a sombra das quais ele havia inicialmente colocado seu trabalho: "Nietzsche, Blanchot e Bataille são os autores que me permitiram a libertação daqueles que dominaram minha formação universitária, no início da década de 1950: Hegel e a fenomenologia".[4] A verdade é que, onde Bataille – assim como Blanchot e Nietzsche – haviam pensado a retirada do sujeito de si mesmo sob a forma da dessubjetivação, Foucault ia finalmente procurar outra via, aquela, inversa, do desprendimento de si como re-subjetivação sem fim, quer dizer, como criação continuada de si por si.

---

1   Prefácio à Transgressão. In: *Ditos e escritos – estética – literatura e pintura, música e cinema*. Rio de Janeiro: Forense Universitária, 2003, vol. III, p. 28.

2   Ibidem.

3   Ibidem.

4   Entrevista de Michel Foucault para Duccio Trombadori, Paris, fim de 1978. In: *Il Contributo*, 4º ano, nº 1, Salerne: 1980. Retomado em *Dits et écrits*. Paris: Gallimard, 1994, vol. 4, texto nº 281.

Maurice Blanchot

Na década de 1960, Maurice Blanchot representa uma referência mais ou menos explícita, mas sempre central, na maior parte dos textos que Foucault publica em revistas como *Tel Quel* ou *Critique*. Um texto em particular, "O Pensamento do Exterior",[1] marca declaradamente a entrada da noção de "exterior" no campo conceitual foucaultiano: no cruzamento de uma análise da linguagem que ele desenvolve, por outro caminho, em seus livros e que o avizinha de certas análises estruturais, de uma reflexão sobre a extinção do sujeito, e de uma extrema sensibilidade à literatura que parece, pelo contrário, levá-la em direção a uma espécie de primazia da experiência da escrita, Foucault retoma, com efeito, de Blanchot a ideia de que o exterior é tanto a experiência da perda e da dissolução (do sujeito que fala, da intensificação da linguagem por si mesma) quanto a experiência da revelação (da própria essência da linguagem).

> "A linguagem se descobre então liberta de todos os antigos mitos em que se formou nossa consciência das palavras, do discurso, da literatura. Por muito tempo, acreditou-se que a linguagem dominava o tempo, que ela valia tanto, como ligação futura na palavra dada, quanto como memória e histórico; acreditou-se que ela era profecia e história; e acreditou-se também que nessa soberania, ela tinha poder de tornar aparente o corpo visível e eterno da verdade [...]. Porém, ela é apenas rumor grosseiro e corrente, sua força está na dissimulação [...]; ela é esquecimento sem profundidade e vazio transparente da espera".[2]

---

1   O Pensamento do Exterior. In: *Ditos e escritos: estética – literatura e pintura, música e cinema*. Rio de Janeiro: Forense Universitária, 2003, v. III, p. 219.
2   Ibidem.

Foucault escreve, no mesmo ano em que publica *As palavras e as coisas:* como se, em contraponto a essa arqueologia da ordenação moderna das palavras e do mundo, fosse preciso tentar exprimir também o exterior de qualquer ordem e de qualquer historicidade; como se fosse preciso, portanto, pensar a dissolução do sujeito não só como hipótese epistemológica e histórica, mas também como experiência-limite: "pois, se por tal experiência procura-se antes passar 'fora de si', é para se reencontrar finalmente, se envolver e se concentrar na interioridade ofuscante de um pensamento que é de pleno direito Ser e Linguagem".[3] O enorme espaço entre as duas abordagens é patente; talvez isso explique em parte o caráter lapidar do julgamento de Foucault a respeito desse tipo de hipótese na década seguinte, uma vez que ele não deixará, pelo contrário, de denunciar o exterior como um mito, ou como o relicário de uma espécie de romantismo ainda emprestado da fenomenologia. Após a morte de Foucault, Maurice Blanchot, por sua vez, lhe dedicará em 1986 um lindo texto, *Foucault como o imagino*,[4] no qual, estranhamente, a noção de "exterior" não se encontra, assim como a referência dos textos iniciais do filósofo sobre a literatura: a atenção é exclusivamente concedida aos livros; e parece quase que, se Foucault foi blancheriano nesses primórdios, Blanchot, em uma comovente homenagem, tornou-se, trinta anos mais tarde, o tempo de um livro, absolutamente foucaultiano.

---

3 Ibidem.
4 BLANCHOT, Maurice. *Foucault como o imagino*. Tradução de Miguel Serras Pereira e Ana Luísa Faria. Lisboa: Relógio D'Água, 1997.

Ludwig Binswanger

Em 1954, Foucault traduz o livro de Ludwig Binswanger *O sonho e a existência*,[1] e acompanha o texto com uma longa introdução. Um ano antes, ele se dirigira com Jacqueline Verdeaux à Suíça para conhecer o introdutor da *Daseisanalyse* de Heidegger na prática psicanalítica. A "Introdução" de Foucault – a qual é seu primeiro texto – ainda conta claramente com uma filiação filosófica que o liga à fenomenologia, ainda que integrando uma dimensão do sonho que está a meio caminho entre a psicanálise e o onirismo literário: com efeito, encontra-se nesse texto uma insistência evidente na ideia de uma subjetividade livre, utópica, radical, para a qual o sonho atuaria como espaço de experiência privilegiado, de modo a valorizar o conteúdo da presença no mundo de cada um. A riqueza da experiência onírica ocorre, para Foucault – leitor de Binswanger –, de que ela possui precisamente um status de experiência, e que ela abre a uma nova dimensão do conhecimento. O sonho não se esgota nem em suas próprias imagens, nem no discurso da análise psicológica – mais ainda, ele é irredutível às categorias da psicologia nas quais procuram inseri-lo. Rompendo com a ideia de inconsciente, assim como com a ideia de transparência, Foucault formula a hipótese, a partir de Binswanger, de que é possível reconsiderar o mundo onírico como mundo próprio, isto é, como aquilo que se constitui no modo originário daquilo que me pertence – contrariamente a uma leitura casualista ou objetivadora (como é, ao menos em parte, o

---

1 Introdução (*in* Binswanger). In: *Ditos e escritos: problematização do sujeito – psicologia, psiquiatria e psicanálise*. Rio de Janeiro: Forense Universitária, 2002, v. I, p. 71.

caso em Freud: que se pense, por exemplo, na teoria da libido ou na influência do meio social sobre o sujeito). Ora, entre os fenomenólogos, assim como em Binswanger, é exatamente nessa problemática da originalidade que se firma a problemática da liberdade do sujeito, nesse movimento de nascimento no mundo em que o sujeito ainda se encontra em *seu* mundo antes que este se torne *o* mundo. Foucault então escreve: "Rompendo com essa objetividade que fascina a consciência vígil, e restituindo ao sujeito humano sua liberdade radical, o sonho revela, paradoxalmente, o movimento da liberdade em direção ao mundo, o ponto originário a partir do qual a liberdade se torna mundo"[2] e, mais adiante:

> "Se o sonho é portador dos mais profundos significados humanos, não o é, na medida em que denuncia os mecanismos ocultos e mostra as engrenagens não humanas desses significados, é, pelo contrário, na medida em que ele revela a liberdade mais primitiva do homem [...] toda a odisseia da liberdade humana".[3]

Certamente, podemos nos espantar com a distância entre esse texto de 1954 e a *História da loucura*, sete anos mais tarde: por muitas vezes, Foucault se explicou sobre a mudança radical de seu pensamento, destacando, em particular, o momento decisivo em sua leitura de Nietzsche, o qual ele situa ora em 1953-54, ora em 1957. De fato, a *História da loucura* se estabelecerá do lado dessa objetivação e dessa causalidade, contra as quais a experiência onírica – como experiência crucial – era definida por Foucault em 1954; salvo que a objetividade e a causalidade não são consideradas como pressupostos incondicionais, mas são recolocadas em um histórico do saber, das práticas e do poder. Por outro lado, ocorre, mais uma vez, que Foucault reencontre, em vários lugares, marcas fenomenológicas involuntárias em dois registros diferentes: por um lado, na própria *História da loucura*, ao continuar a pensar que se trata, traçando a história da divisão entre razão e desrazão, de tornar paradoxalmente possível a emergência daquilo que havia antes da divisão, e que ele nomeia, no prefácio à primeira edição da obra, "a noite do começo",[4]

---

2   Ibidem.
3   Ibidem.
4   Prefácio (*Folie et déraison*). In: *Ditos e escritos: problematização do sujeito – psicologia, psiquiatria e psicanálise*. Rio de Janeiro: Forense Universitária, 2002, v. I, p. 152.

160 Dicionário Foucault | Judith Revel

isto é, ao manter, apesar de tudo, a ideia de uma dimensão originária, de uma loucura que consistiria em restituir a si mesma; e, por outro lado, ao transformar a experiência-limite da fenomenologia – e, de maneira singular, a experiência onírica das análises binswangerianas – em uma experiência dos limites, e que ele fará desta última, sob a dupla influência de Bataille e de Blanchot, uma experiência literária. Todavia, notemos que o prefácio à primeira edição da *História da loucura* não aparecerá mais nas edições sucessivas, sendo duramente reprovada a Foucault a manutenção dessa ilusão de uma "loucura dantes da loucura", ou, retomando a crítica muito dura de Jacques Derrida, de uma história dantes da história; e que, por fim, os textos "literários" de Foucault deixarão progressivamente, após 1966, de explorar a dimensão originária da "livre gênese, [da] realização de si, [da] emergência daquilo que há de mais individual no indivíduo".[5]

---

5   Introdução (*in* Binswanger). Op. cit., nota 224.

Georges Canguilhem

Provavelmente foi muito pouco dito a que ponto as análises de Foucault deviam aos trabalhos de Georges Canguilhem. Ao certo, tem-se o hábito de limitar a importância da influência de Canguilhem sobre Foucault a algumas linhas bibliográficas – Canguilhem foi efetivamente o examinador de Foucault tanto no concurso da rua d'Ulm quanto no exame oral do concurso para professor, e foi para ele que Hyppolite enviou Foucault à época de sua tese –; à homenagem explicitamente prestada no prefácio da primeira edição da *História da loucura* ou no texto de *A ordem do discurso*; a algumas das análises da *História da loucura* como àquelas do *Nascimento da clínica*; e, de um modo mais amplo, a um interesse pelo discurso médico que, é verdade, continuará sempre vivo em Foucault. No entanto, é num tema específico – o tema da descontinuidade – que a dívida de Foucault para com Canguilhem é provavelmente a mais evidente. Foucault observa, por exemplo:

> "Sob as grandes continuidades do pensamento, sob as manifestações massivas e homogêneas do espírito, sob o teimoso porvir de uma ciência obstinada a existir e a ser realizada desde seu começo, procura-se agora detectar a incidência das interrupções. G. Bachelard identificou limiares epistemológicos que rompem o acúmulo indefinido dos conhecimentos; M. Guéroult descreveu sistemas fechados, arquiteturas conceituais fechadas que escandeiam o espaço do discurso filosófico: G. Canguilhem analisou as mutações, os deslocamentos, as transformações no campo da validade e as regras de utilização dos conceitos".[1]

---

1 Sobre a Arqueologia das Ciências. Resposta ao Círculo de Epistemologia. In: *Ditos e escritos – arqueologia das ciências e história dos sistemas de pensamento*. Rio de Janeiro: Forense Universitária, 2004, v. II, p. 95.

162 Dicionário Foucault | Judith Revel

E ainda, dez anos mais tarde:

> "[G. Canguilhem] retomou, a princípio, o tema da "descontinuidade". Antigo tema que se desenhou muito cedo, a ponto de ser contemporâneo, ou quase, do nascimento de uma história das ciências [...] Retomando esse mesmo tema elaborado por Koyré e Bachelard, Georges Canguilhem insiste no fato de que a localização das descontinuidades não é, para ele, nem um postulado, nem um resultado, mas antes uma "maneira de fazer", um procedimento que forma um conjunto com a história das ciências, pois ela é convidada pelo próprio objeto que terá de abordar".[2]

Nem um postulado, nem um resultado, mas uma "maneira de fazer": portanto, trata-se de uma verdadeira escolha de método. O que Foucault retoma no "método" de Canguilhem corresponde, na verdade, a uma dupla aposta. Por um lado, é necessário diferenciar o tempo da história das ciências tanto do tempo abstrato das próprias ciências quanto da história erudita dos historiadores, porque tanto um como o outro – diferentemente, decerto – afirmam, na realidade, a necessidade de um *continuum* absoluto e não podem deixar de considerar a história como um processo linear que não é passível de qualquer ruptura. Quer se trate de um espaço temporal "idealizado" e totalmente desligado das condições materiais de seu desenvolvimento (o desenvolvimento da ciência), quer se trate, pelo contrário, de um tempo "realista" reduzido ao acúmulo infinito e contínuo de seus diferentes momentos, o discurso, na verdade, não muda, uma vez que se supõe, tanto num caso quanto no outro, uma linearidade da história sem falhas – e a impossibilidade para o olhar historiador de manter a distância da história, de traçar, de certo modo, a história dessa história linear, a epistemologia da forma contínua do próprio tempo. Em oposição a isso é precisamente o ponto de vista da epistemologia, que representa para a história das ciências a possibilidade de uma abordagem do tempo que permita contestar seu pressuposto continuísta. Porém, em outro sentido, o risco incorrido pela epistemologia é aquele de uma reprodução dos esquemas científicos descritos dentro da própria descrição, isto é, o risco da impossibili-

---

2 Introdução à edição americana de CANGUILHEM, G. *Normal et le pathologique* In: *On the Normal and the Pathological*. Boston: D. Reidel, 1978. Retomada em *Dits et écrits*. Paris: Gallimard, 1994, v. 3, texto nº 219.

dade de historicizar o discurso científico e as redes epistêmicas que ela institui num determinado momento. É nisso que a história das ciências permite à epistemologia ser algo que não um metadiscurso. Nesse ponto, a proximidade das análises "descontinuístas" de Canguilhem e dos trabalhos de Foucault é patente. A obra *As palavras e as coisas* será outra coisa a que a tentativa de traçar a história da maneira pela qual o discurso científico constituiu, num determinado momento, seus próprios campos, seus próprios objetos, seus própios métodos, a própria forma de seu saber – e, certamente, a forma de sua história? Mas também: *As palavras e as coisas* serão outra coisa senão a tentativa de reintroduzir os esquemas intrínsecos às ciências no interior de uma história mais geral que seria a história das diferentes formas – das formas sucessivas – do "dizer verdadeiro"?

Noam Chomsky

Em 1971, Foucault e Chomsky participaram de um debate na televisão holandesa que foi transcrito e publicado três anos mais tarde sob o título "Da Natureza Humana: Justiça contra Poder".[1] O encontro abre espaço para uma discussão cerrada, a partir da noção de "natureza humana", a respeito da possibilidade – sustentada por Chomsky, refutada por Foucault – de determinar invariantes, "estruturas inatas" cujo desenvolvimento permitiria considerar a aquisição ulterior de capacidades e de conteúdos de conhecimento no homem. Com Chomsky, os pressupostos de uma linguagem inata e de um conhecimento instintivo são necessários, a fim de explicar posteriormente a interação dos indivíduos com o seu meio e a constituição de sua história, ou seja, o acúmulo de uma experiência: "Esse conjunto, essa massa de esquematismo, de princípios organizadores inatos, que guiam nosso comportamento social, intelectual e individual é aquilo que eu designo quando me refiro ao conceito de natureza humana".[2] Com Foucault, pelo contrário, a própria noção de natureza humana é o produto de uma certa história: ela é construída por meio de uma certa configuração epistemológica e não pode, de modo algum, escapar à sua própria historicidade – o que significa que nada, no sentido estrito, pode ser definido como "invariante", nem como pré-requisito à experiência, que nada ocorre à parte da história. Decerto, pode haver regularidades – como procura, por

---

1   Da Natureza Humana: Justiça contra Poder. In: *Ditos e escritos: estratégia, poder-saber*. Rio de Janeiro: Forense Universitária, 2003, v. IV, p. 87.
2   Ibidem.

exemplo, destacar Chomsky na linguística, e como o próprio Foucault tenta descrever no interior de uma determinada periodização –; mas estas não podem ser postas na "natureza humana", a menos que se admita que a história não faz senão desenvolver o que é determinado antes dela *por natureza*. Aliás, a oposição entre os dois filósofos se cristaliza imediatamente no sentido que é preciso atribuir, nesse contexto, à noção de criação: para Chomsky, a criatividade dos homens deve ser entendida como uma simples capacidade de reação e de adaptação a novas situações; para Foucault, pelo contrário, ela é possível, mas não pode ser considerada à parte das determinações históricas às quais é submetida, nem instituída sem uma prática coletiva. Numa segunda parte da discussão, o objeto do debate se desloca a pedido do mediador para o campo político, e ali ainda, a oposição dos dois intelectuais é quase total. A posição de Chomsky se articula em torno de três pontos: uma democracia perfeita é apenas a realização de valores intrínsecos à "natureza humana" ("Eu acredito que exista uma espécie de *base absoluta* [...] residindo finalmente nas qualidades humanas fundamentais, nas quais se alicerça uma *verdadeira* noção de justiça");[3] pode-se, portanto, criticar a justiça ou a legalidade em nome desses "valores" contidos na natureza humana; a substituição das estruturas centralizadas do Estado por um conjunto de associações entre comunidades libertárias permitiria o desenvolvimento dos "instintos honestos" da natureza humana, e não do instinto destruidor da apropriação privada e da vontade de poder. Ao que Foucault responde mostrando em que sua própria análise das relações de poder inclui o funcionamento da justiça – a qual não pode ser "ideal" porque ela nunca é pura: assim como não se pode escapar à história não se pode pensar em escapar totalmente às relações de poder, inclusive quando as lutas empreendidas são justificadas. E Foucault conclui: "Eu lhes digo que o proletariado não declara guerra à classe dominante porque ele considera que essa guerra é justa. O proletariado declara guerra à classe dominante porque, pela primeira vez na história, ele deseja tomar o poder".[4] Se o discurso foucaultiano a respeito da impossibilidade de um "exterior"

---

3   Ibidem.
4   Da Natureza Humana: Justiça contra Poder. Op. cit., nota 231.

da história ou de uma exterioridade às relações de poder – tal como será aprofundado na segunda metade da década de 1970 – aqui já se encontra totalmente instalado, falta ainda a Foucault a insistência na subjetivação (a invenção de si) como argumento contra a própria ideia da natureza humana, quer dizer, contra o postulado de um conjunto de estruturas invariantes e de valores absolutos na base daquilo que somos e do que fazemos.

Gilles Deleuze

Deleuze e Foucault foram extremamente próximos, tanto na vida pessoal quanto no percurso filosófico ou político (de fato, nem um nem o outro teria provavelmente feito distinção entre esses três planos). No entanto, um exame atento das referências – inúmeras até a metade da década de 1970 – que cada um faz ao trabalho do outro permite contatar um fenômeno estranho: Deleuze assim como Foucault procuraram ler seu próprio pensamento dentro do pensamento de seu amigo. O que cada um quis, então, compreender foi aquilo que cada um reteve em função de seus próprios trabalhos, isto é, também, aquilo que lhe foi útil. Essa "vizinhança" não isenta de consequências, de desvios, é particularmente clara quando se trata da relação que os dois filósofos mantinham com Nietzsche: Foucault e Deleuze certamente colaboraram juntos para a edição do quinto volume das obras completas do pensador alemão, porém cada um construiu sua própria leitura (Foucault insistindo na concepção nietzschiana da história, Deleuze se apoiando mais nos temas do eterno regresso, da vontade de poder e da transmutação dos valores) e acredita identificá-la no discurso do outro. Além desses reflexos, sua proximidade é, além do mais, evidente quando se tratava de empreender uma análise da linguagem que desconstruísse as condições de produção e de admissibilidade do sentido, ou quando ambos se interessavam pelos laços que existem entre os discursos de saber, os dispositivos de poder e as instituições que os encarnam. Enfim, a partir da experiência partilhada do GIP, Deleuze e Foucault redefinem o que pode ser uma atividade militante, em total ruptura com os velhos esquemas do engajamento sartriano. Contudo, na metade da década de 1970, um relativo distanciamento caracterizou

168 Dicionário Foucault | Judith Revel

suas relações. Deleuze se explica uma única vez, a respeito disso, rapidamente:

> "Infelizmente, eu não o vi nos últimos anos de sua vida: depois de *A vontade de saber*, ele passou por uma crise de todo tipo, política, vital, de conceitos. Como entre todos os grandes pensadores, seu pensamento sempre procedeu por meio de crises e abalos como condições de criação, como condições de uma coerência última. Eu tive a impressão de que ele queria estar só, ir aonde não pudessem segui-lo, exceto alguns íntimos. Eu precisava muito mais dele do que ele de mim".[1]

Em Foucault, em compensação, nenhuma explicação verdadeira a não ser o desaparecimento quase total de qualquer menção ao nome de Deleuze nos últimos seis anos de seu trabalho. Na verdade, essa aparente distância – que não impediu Deleuze de dedicar a Foucault, em 1986, um livro notável[2] – provavelmente se explica por meio de uma diferença de fundamentação. Em Deleuze, a resistência aos poderes e aos saberes instituídos se encontra, em grande parte, concebida como um "exterior": por vezes, trata-se do exterior da linguagem psicótica; de um modo mais amplo, uma vez que os apelos à esquizologia se tornaram menos frequentes, é o exterior de um acontecimento concebido como ruptura, como irrupção, como interrupção. Ora, estranhamente, em Deleuze, a história está, apesar de tudo, quase que totalmente ausente desse pensamento do acontecimento: se, com efeito, observamos em Deleuze um pensamento do tempo, raras são as alusões à historicidade dos sistemas de pensamento e ao enorme esforço que consiste em problematizar seu próprio presente para dele se libertar – ou, em todo caso, sondar seus limites e suas constrições, seus códigos e suas modalidades de organização. Em Deleuze, a descontinuidade – a resistência – é mais uma figura do tempo do que uma figura da história; e o recurso à noção do porvir permite paradoxalmente não questionar sua própria atualidade. Desse ponto de vista, Deleuze é bergsoniano, ao passo que Foucault é muito mais canguilhemiano. De fato, Foucault só pode

---

1 Rachar as coisas, rachar as palavras. In: DELEUZE, Gilles. *Conversações*. Tradução de Peter Pál Pelbart. São Paulo: Editora 34, 1992, p. 105.

2 DELEUZE, Gilles. *Foucault*. Coleção Biblioteca Básica de Filosofia. São Paulo: Edições 70, 2005.

Gilles Deleuze

pensar a descontinuidade e o acontecimento *dentro* da história: se trata-se de romper as determinações que nos fazem ser o que somos, é porque nós teremos sabido, antes de mais nada, diagnosticar o que somos, ou seja, tanto as relações de poder que nos atravessam e das quais participamos quanto os procedimentos de subjetivação que inventamos no próprio interior dessas relações, *num determinado momento*: isso assim ocorre porque seremos capazes de explicar a especificidade de nosso presente, a história de nosso próprio sistema de pensamento – inclusive a história do próprio tempo.

Jacques Derrida

As relações entre Foucault e Derrida são, ao mesmo tempo, muito limitadas e surpreendentemente intensas, uma vez que elas giram em torno de uma só e única polêmica a respeito de uma curta passagem que Foucault, na *História da loucura*, havia dedicado a algumas linhas do fim da obra de lançamento das *Meditações metafísicas* de Descartes. O texto que Derrida escreve para contestar a leitura foucaultiana de Descartes originou uma conferência apresentada em 1963, a qual será publicada um ano mais tarde sob o título "Cogito e História da Loucura" e, depois, incluída, em 1967, no volume *A escritura e a diferença;*[1] Foucault responderá ao texto alguns anos mais tarde, em 1972, sob a forma de uma dupla intervenção: por um lado, um texto publicado em japonês, em Tóquio, numa revista,[2] e por outro lado, no mesmo ano, uma segunda versão – bastante diferente – desse texto em forma de apêndice, na reedição da *História da loucura* realizada pelas Éditions Gallimard em 1972.[3] Enquanto a discussão entre os dois filósofos parece se concentrar num problema técnico de exegese erudita do pensamento cartesiano – no que se reduz em geral seu desacordo –, o problema é, na verdade, outro. A crítica de Derrida, com certeza, aborda dois pontos cruciais para os

---

1 DERRIDA, Jacques. *A escritura e a diferença*. Tradução de Maria Beatriz Marques Nizza da Silva, Pedro Leite Lopes e Pérola de Carvalho. 4ª ed. São Paulo: Perspectiva, 2009.

2 Resposta a Derrida. In: *Ditos e escritos: problematização do sujeito – psicologia, psiquiatria e psicanálise*. Tradução de Vera Lucia Avellar Ribeiro. Rio de Janeiro: Forense Universitária, 2002, v. I, p. 268.

3 FOUCAULT, Michel. *História da loucura na Idade Clássica*. Tradução de José Teixeira Coelho Netto. São Paulo: Perspectiva, 1978.

quais a passagem dedicada a Descartes possui apenas um simples valor de exemplo. A primeira objeção diz respeito ao status da loucura e à maneira pela qual esta é, simultaneamente, considerada por Foucault como o "outro" da razão – o que foi excluído para poder ser incluso, o que foi declarado outro para poder ser reconduzido ao mesmo –, e como algo que deve ser explicitamente restituído à sua própria liberdade: para retomar os termos de Foucault citados por Derrida, uma espécie de "loucura desalienada", uma loucura restituída a si mesma: "Escrevendo uma história da loucura, Foucault quis – e é o preço, mas também a própria impossibilidade de seu livro – escrever uma história da *própria* loucura. *Ela mesma*. Da própria loucura. Quer dizer, devolvendo-lhe a palavra. Foucault quis que a loucura fosse o assunto de seu livro".[4] Resumindo, Derrida aponta uma falha lógica de importância evidente. Com efeito, se a loucura é constituída como objeto – e, portanto, submetida aos discursos e às práticas da razão que a dominam –, é mais em função de uma divisão que a exclui e a objetiva por meio de um único e mesmo gesto; mas então qual sentido pode ter o projeto de reencontrar uma loucura *antes da divisão*? E como compreender a expressão "loucura desalienada", se a construção de uma realidade homogênea correspondendo ao termo "loucura" não tem qualquer sentido, a não ser no momento em que fazem dela *o outro da razão?* A segunda objeção diz respeito, em compensação, ao status da história na *História da loucura* – uma história da qual Foucault repete que é produzida por meio da divisão entre razão e desrazão. Ora, justamente, se a divisão razão/desrazão é fundadora da história, qual status dar ao que se encontra *antes* da divisão?[5] O problema sobre o qual Foucault é intimado a responder é o problema da escolha de sua periodização histórica, de sua legitimidade e de suas consequências: definitivamente, se esta representa apenas uma periodização possível dentre

---

4 *A escritura e a diferença*. Op. cit., nota 237. (As palavras em itálico são destaques de Derrida.)

5 Derrida cita sobre esse ponto Foucault: "A necessidade da loucura, ao longo da história do Ocidente, está ligada a esse gesto de decisão que arranca barulho do fundo e de sua monotonia contínua uma linguagem significativa que se transmite e se extingue através do tempo; enfim, ela está ligada à possibilidade da história". Ibidem.

172 Dicionário Foucault | Judith Revel

outras, não se compreende por que – e em que – para Foucault a Idade Clássica é exemplar,[6] e o que a diferencia de qualquer outro recorte histórico efetuado segundo qualquer outro critério. Nessa hipótese, a periodização "Idade Clássica", se de fato funciona, corresponde apenas a um recorte feito sob medida a partir da construção do objeto "loucura"; mas se for mudado somente o objeto – o que realmente fará Foucault, nos anos seguintes –, quer se estude agora a clínica ou a prisão, a periodização deverá ser imediatamente revista. Em compensação, se essa for uma divisão fundamental e exemplar que faz verdadeiramente desviar o pensamento para outro sistema e que introduz descontinuidade no curso da história, é melhor que se procure ler esse descontínuo com base numa continuidade que o subentende; mas então a história preexiste à divisão, e não se compreende mais a função inaugural desse descontínuo. Assim como observa Derrida,

> "[...] se essa grande divisão for a própria possibilidade da história, o que quer dizer aqui "traçar a história dessa divisão"? Traçar a história da historicidade? Traçar a história da origem da história? [...] Se há uma historicidade da razão em geral, a história da razão nunca foi a história de sua origem, a qual a requer previamente, mas a história de uma de suas figuras determinadas".[7]

Por fim, ele aponta como última dificuldade, ligada à relação que a linguagem mantém com o *logos* – quando Foucault não para, nos últimos anos, de rodear a possibilidade de uma linguagem – literária, muitas vezes – capaz de explicar o "exterior" da divisão razão/desrazão, ou, de um modo mais amplo, a exterioridade a qualquer ordem do discurso. Ora, observa Derrida, a denúncia da ordem advém sempre de maneira ordenada: uma história da loucura não pode ser outra coisa senão uma história da razão?

A essas objeções, Foucault responde de forma estranhamente imprecisa. Na primeira versão de sua resposta, publicada no Japão, Foucault só começa a se referir ao texto de Descartes a partir da quarta página. As três primeiras são, em compensação, dedicadas às objeções de Derrida que acabamos de mencionar. Porém, ao invés

---

6   *A Escritura e a diferença*. Op. cit., nota 237: "É um exemplo como amostra e não como modelo".
7   Ibidem.

de compreender o que lhe é censurado – a saber, uma concepção da história que não considera plenamente suas próprias condições de possibilidade e que acaba por evocar uma espécie de "exterior" da história (a história *antes da divisão que funda a história*) bem difícil de sustentar; ou, mais ainda, a ideia de uma linguagem antes da razão, uma linguagem do silêncio que seria aquela da loucura restituída a si mesma –, Foucault recorre a uma defesa que repousa na não compreensão total do que lhe é objetado, construindo, em particular, sua resposta sobre as relações entre filosofia e história – como se Derrida o tivesse intimado a escolher.

Na segunda versão de sua resposta, que será publicada como segundo apêndice na edição de 1972 da *História da loucura*, ele decidirá até suprimir as quatro páginas que, na versão japonesa do texto, procuravam, apesar de tudo, levar em consideração as objeções de fundamentação no projeto e no método de seu livro. Mas é forçoso constatar que a impossibilidade de uma exterioridade à história, o abandono do privilégio da literatura como espaço de resistência à ordem e a concentração das análises foucaultianas sobre uma analítica do poder, que também seja uma analítica da subjetividade, caracterizarão, a partir de 1973 e até o fim de sua vida, os trabalhos de Foucault.

Immanuel Kant

Kant está estranhamente presente nas duas extremidades do percurso filosófico de Foucault. Em 1960, ele lhe dedica, de fato, sua tese secundária, uma vez que ele traduz a *Antropologia do ponto de vista pragmático*, acompanhando-a com um longo comentário ainda hoje inédito (mas consultável na biblioteca da Sorbonne), *Gênese e estrutura da antropologia de Kant*. Em 1983-1984, ele dedica, em compensação, ao texto *Was ist Aufklärung?* um comentário duplo: primeiramente, um curso no Collège de France, em janeiro de 1983 – curso que será publicado um ano mais tarde –, e, depois um segundo, por vezes um tanto diferente do primeiro, num volume publicado nos Estados Unidos.[1] Essa presença kantiana no início e no fim da reflexão foucaultiana é bastante coerente. Embora muito duro aos olhos de qualquer perspectiva transcendentalista, isto é, da possibilidade de fundar uma filosofia na descoberta de elementos *a priori* que excederiam o conhecimento – e viriam fundar por aí mesmo sua possibilidade –, é significativo que Foucault tenha, pelo contrário, escolhido privilegiar em Kant a *Antropologia* e um dos folhetos sobre a história. No início da década de 1960, falando da experiência dos homens – e da morte de Deus tal como Nietzsche a formula –, Foucault comenta:

> "Nenhum movimento dialético, nenhuma análise das constituições e de seu solo transcendental pode ajudar a pensar uma tal experiên-

---

1   O que São as Luzes? In: *Ditos e escritos: arqueologia das ciências e história dos sistemas de pensamento*. Tradução de Elisa Monteiro. Rio de Janeiro: Forense Universitária, 2004, v. II, p. 335; O que São as Luzes? In: P. Rabinow (Org.). *The Foucault Reader*. New York: Pantheon Books, 1984.

cia ou até o acesso a esta experiência. O jogo instantâneo do limite e da transgressão seria nos dias de hoje a prova essencial de um pensamento da *origem* à qual Nietzsche nos destinou desde o início de sua obra – um pensamento que seria, em absoluto e no mesmo movimento, uma Crítica e uma Ontologia, um pensamento que pensaria a finitude e o ser?"[2]

Se ignorarmos aquilo que, na citação, está claramente datado pelas referências à "transgressão" e ao "limite" (estamos numa vibrante homenagem a Bataille), e se pudermos ver que a crítica da noção de origem já se encontra presente, embora ainda não totalmente construída, é preciso, em compensação, constatar que um dos temas maiores do pensamento foucaultiano já se faz perfeitamente presente: todo o problema é fazer uma pesquisa que seja, ao mesmo tempo, crítica (isto é, que dê as condições de possibilidades do conhecimento: para Kant, tanto a crítica da metafísica quanto a descoberta dos elementos transcendentais que estabelecem a experiência do conhecer; para Foucault, uma crítica de tudo o que se dá como exterior ou preliminar à história – inclusive o próprio plano transcendental, e uma história dos sistemas de pensamento no interior dos quais um ou outro conhecimento ocorra num dado momento) e que, no entanto, deixe espaço para uma produção do novo ser. Essa produção de ser, longe de ser uma reintrodução de um tema metafísico, se tornará central nos últimos anos de pesquisa de Foucault, uma vez que é em torno dos temas da invenção de si e da produção de subjetividade que ele procurará finalmente analisar a possibilidade que os homens têm de criar um acontecimento, isto é, de introduzir no cerne da história uma descontinuidade, uma rachadura, um afastamento – acontecimento que, se interrompe a história, contudo, não lhe escapa. É em torno desses dois temas – a ontologia crítica de nós mesmos e a produção de acontecimentos, ou seja, finalmente aquilo que Foucault chama, por vezes, simplesmente de uma "revolução" – que os dois textos dedicados à questão das Luzes se ocupam, exatamente, vinte anos mais tarde. Independentemente do comentário literal da dissertação kantiana (extremamente preciso), Foucault retorna continuamente ao baricentro de seu próprio pensamento:

---

2   Prefácio à Transgressão. Op. cit., nota 216.

"A ontologia crítica de nós mesmos, é preciso considerá-la certamente não como uma teoria, uma doutrina, nem mesmo um corpo permanente de saber que se acumula; é preciso concebê-la como uma atitude, um *ethos*, uma vida filosófica na qual a crítica daquilo que somos é, ao mesmo tempo, uma análise histórica dos limites que nos são colocados e a prova de sua transposição possível".[3]

Mais uma vez, essa transposição não é uma saída da história; é, pelo contrário, um acontecimento na história, uma descontinuidade, a oscilação de uma divisão a outra, de um sistema de pensamento e de ação a outro.

---

3   O que São as Luzes? (texto americano). Op. cit., nota 244.

Maurice Merleau-Ponty

A relação que liga Foucault a Merleau-Ponty é, antes de tudo, biográfica: é, em grande parte, a de muitos dos jovens estudantes que começavam a filosofar após o fim da guerra. Merleau-Ponty, que lecionava à época em Lyon, porém ministrava um curso na Escola Normal Superior da rua d'Ulm, era uma figura complexa, tanto glorificado por seu prestígio intelectual quanto relativamente desconhecido, uma vez que parecia à época sistematicamente associado a essa outra figura tutelar que Jean-Paul Sartre ia se tornar após 1945. Sabe-se que Foucault frequentou os cursos de Merleau-Ponty na rua d'Ulm nos anos 1947-1948 e 1948-1949, em particular, sobre Saussure; o que não impede uma crítica lapidar, alguns anos mais tarde:

> "De um modo muito repentino, e sem que, aparentemente, houvesse razão, percebemos, há cerca de quinze anos, que estávamos muito, muito longe da geração precedente, da geração de Sartre e de Merleau-Ponty – geração dos *Tempos modernos* que fora nossa lei para pensar e nosso modelo para existir", assim declara Foucault em 1966".[1]

Na realidade, o papel representado por Merleau-Ponty no trabalho de Foucault parece completamente diferente do papel de Sartre. A primeira razão é ter sido Merleau-Ponty quem introduziu o jovem Foucault na linguística saussuriana, e que Foucault aí encontrará sua paixão pela análise da linguagem. A segunda é que Foucault encontra em Saussure exatamente o que o próprio Merleau-Ponty

---

1   Entrevista com Madeleine Chapsal. In: *La Quinzaine Littéraire*, nº 5, 16 de maio de 1966, pp. 14-15. Retomada em *Dits et écrits*. Paris: Gallimard, 1994, v. 1, texto nº 37, p. 513.

178 Dicionário Foucault | Judith Revel

também encontra: um pensamento da diferença (em Saussure, a relação – entre significante e significado, ou entre os signos tomados na cadeia linguística – é caracterizada como uma diferença) que não repousa sobre qualquer termo primeiro introdutório, mas que se dá, pelo contrário, como afirmação positiva e sem remanescente. A possibilidade da positividade da diferença e de seu caráter inaugural permite a Merleau-Ponty procurar se desligar tanto da dialética hegeliana quanto de um certo heideggerianismo que, de fato, é o seu; em Foucault, a crítica da dialética está espantosamente próxima da crítica de Merleau-Ponty; quanto à impossibilidade de remontar, a partir da diferença, a termos primeiros que estabeleceriam a relação diferencial, Foucault a aplica, na verdade, à sua própria concepção da história e das divisões que determinam suas periodizações.

Assim, de nada vale procurar remontar além da divisão entre a razão e a desrazão – se não for para descrever outro sistema de pensamento, outra economia da divisão: é a própria divisão que é primeira, e que, pelo fato de não escapar à história, não revela nada além da sua própria história. Aliás, existe um segundo ponto no qual a relação entre os dois filósofos parece extremamente forte. Há em Merleau-Ponty um esforço notável para pensar, ao mesmo tempo, as determinações e a liberdade. Em se tratando da linguagem, por exemplo, esse esforço consiste em articular em conjunto de regras linguísticas coercivas e necessárias e num exercício criativo e gerador, inovador e livre daquilo que ele chamará, em oposição à língua prosaica, de a "prosa do mundo". É, por conseguinte, a pesquisa da maneira pela qual se pode pensar em conjunto as duas dimensões cuidadosamente diferenciadas por Saussure, a da língua e a da fala; e observemos que, em inúmeros textos, Merleau-Ponty enfatiza que esse problema – apresentado, de fato, como um problema de filosofia da linguagem – diz respeito, na verdade, tanto à filosofia política quanto à filosofia da história ou à ontologia. Em Foucault, é exatamente em torno da história, da política e da ontologia que a tentativa de superar a oposição entre determinismo e liberdade, ou entre historicidade e criação, é patente: como explicar, ao mesmo tempo, as determinações que nos fazem ser o que somos e a possibilidade de criar o acontecimento, ou seja, da descontinuidade? Como, afirmando que não há "exterior" à nossa própria história, pensar a irrupção de uma "transposição possível"? Por fim, como pensar, ao mesmo tempo, a objetivação do sujeito no interior dos dispositivos e das práticas de saber/poder, que são próprias à época à que pertencemos, e a possibilidade de uma subjetivação, de uma nova abordagem da relação de si com o si sob a forma de uma invenção, quer dizer, na verdade, de uma ontologia crítica de nós mesmos?

Friedrich Nietzsche

A referência a Nietzsche se encontra onipresente em Foucault até o início da década de 1970; mais tarde, ela continuará a ser central, ainda que de maneira indireta, através dos empréstimos conceituais ou das homenagens mal veladas (por exemplo, através dos conceitos de "genealogia" e de "vontade de saber"); enfim, ela ressurge a partir do momento em que Foucault analisa seu próprio percurso de pensamento e a maneira pela qual se emancipou de sua formação fenomenológica inicial. A leitura que Foucault faz de Nietzsche é voluntariamente parcial, ainda que tenha contribuído com Gilles Deleuze na edição de um dos volumes da edição das obras completas em 1967. Com efeito, seu interesse está basicamente ligado à crítica da história – e, de um modo mais amplo, da metafísica – que se pode ler, por exemplo, num texto como aquele das *Considerações intempestivas*, ao qual ele se refere, de fato, mais uma vez. Em compensação, praticamente não se encontrarão referências ao apolíneo e ao dionísico, à vontade de poder, ao super-homem ou à transmutação dos valores.

Na realidade, há duas faces específicas de Nietzsche em Foucault e elas estão ligadas. A primeira é um Nietzsche lido e utilizado tanto contra o privilégio do sujeito fenomenológico quanto contra as filosofias da origem: Nietzsche é para Foucault aquele que "abriu uma ferida na linguagem filosófica"[1] e faz atuar essa abertura em todas as partes onde o sentido tem a intenção de se libertar. Assim,

---

1 Michel Foucault e Gilles Deleuze Querem Devolver a Nietzsche Sua Verdadeira Cara. In: *Ditos e escritos: arqueologia das ciências e história dos sistemas de pensamento*. Rio de Janeiro: Forense Universitária, 2004, v. II, p. 30.

Friedrich Nietzsche 181

ele é, com muita frequência, associado a outros nomes, como os de Artaud, Bataille, e Blanchot ou Klossowski. O segundo está, mais especificamente, ligado aos campos de análise foucaultianos, na medida em que, se ele produziu a "crítica da profundidade ideal, da profundidade da consciência, que ele denuncia como uma invenção dos filósofos", então, ele é um daqueles que, segundo Foucault, modificaram radicalmente o espaço de repartição, nos quais os signos podem valer como tais, ou seja, podendo ser interpretados. Desse ponto de vista, o texto que Foucault escreve em 1964, "Nietzsche, Freud, Marx"[2] é exemplar. Ele se dedica a valorizar nesse texto o inacabado de qualquer interpretação, sua "rede inesgotável"; e, como observa Foucault, "o inacabado da interpretação, o fato de que ela esteja sempre retalhada, e que permaneça em suspenso à beira de si mesma, se reencontra, eu acredito, de um modo bastante análogo em Marx, Nietzsche e Freud sob a forma da recusa do início".[3] Ora, da mesma maneira, em *As palavras e as coisas* não pode haver início, já que tudo se dá e se desdobra sempre sobre a base da divisão histórica: isto é, o espaço no qual os signos se assentam, se organizam e fazem sentido, ele é próprio o produto de uma certa história. Nunca há início ou origem absoluta, tudo sempre é anterior na história: a crítica nietzschiana da ideia de *Ursprung* e a noção foucaultiana de *epistema* encontram na história o local de seu cruzamento. O paralelismo entre as duas posições é evidente e ele é, uma vez mais, ulteriormente reforçado pela utilização mais geral que toda uma geração faz, no mesmo momento, de Nietzsche contra Hegel ou contra a fenomenologia. A partir da década de 1970, se as duas primeiras faces desse nietzschianismo foucaultiano permanecem, parece que a elas é acrescentada uma terceira dimensão, a da genealogia – noção à qual Foucault dedica um belo texto em 1971, "Nietzsche, a Genealogia, a História".[4] Além da reapropriação das teses nietzschia-

---

2 Nietzsche, Freud, Marx. In: *Ditos e escritos: arqueologia das ciências e história dos sistemas de pensamento*. Rio de Janeiro: Forense Universitária, 2004, v. II, p. 40.

3 Ibidem.

4 Nietzsche, a Genealogia, a História. In: *Ditos e escritos: arqueologia das ciências e história dos sistemas de pensamento*. Rio de Janeiro: Forense Universitária, 2004, v. II, p. 261.

nas, encontra-se nesse texto o que se tornará muito rapidamente a linha mestra dos trabalhos de Foucault: a ideia de que a relação com a história é necessária não com o propósito de estabelecer continuidades, mas para preparar as rupturas que virão. Interessar-se pela história é investigar o passado, a fim de compreender retrospectivamente a maneira pela qual nosso presente foi construído, e, também em seguida, circunscrever a possibilidade de se desligar desse passado. A arqueologia é o nome da investigação que se conduz a respeito do passado; a genealogia o efeito dessa investigação sobre nossas próprias determinações, ou seja, a problematização de nossa própria atualidade.

Pierre Rivière

Pierre Rivière foi um jovem camponês que, em 1835, degolou sua mãe, sua irmã e seu irmão, crime relatado nos *Anais de higiene pública e de medicina legal* um ano mais tarde. Em 1973, Foucault publica na coleção "Archives", das editoras Gaillard-Julliard, o resultado de um trabalho coletivo a respeito do "caso Pierre Rivière" conduzido com colegas historiadores no âmbito de seu seminário no Collège de France. Os registros documentais, também publicados, são compostos de todos os documentos disponíveis (peças judiciais, relatórios médicos, perícias, artigos da imprensa da época) e do memorial que Rivière, para a grande surpresa de todos – já que ele afirmava mal saber ler e escrever –, redigiu na cadeia para contar ele mesmo seu crime.

O objetivo do trabalho coletivo é estudar, a partir de um caso singular, a história das relações entre a psiquiatria e a justiça penal na primeira metade do século XIX. Na realidade, desde as primeiras linhas da apresentação redigida por Foucault, esse objetivo parece duplicado por um segundo, menos explícito e provavelmente bem mais intimamente foucaultiano: além da análise da maneira pela qual se cruzam, por ocasião da instrução, do processo e da "cobertura" jornalística do caso, tanto os dispositivos de poder quanto os saberes autorizados; trata-se também de compreender qual é a função do memorial que redige o jovem assassino, sua importância estratégica e as razões da comoção que ele suscita à época. Ora, justamente, o memorial não parece ter se limitado a surpreender e a confundir os peritos de 1836: Foucault observa como ele também foi "seduzido pelo parricida dos

Dicionário Foucault | Judith Revel

olhos avermelhados"[1] e essa sedução desconcertante e perigosa – uma vez que ameaça o edifício dos saberes-poderes, substituindo-se a ele e tendo a intenção de dizer a verdade àqueles que são supostos estabelecê-la – lembra a sedução que exerceu Roussel sobre Foucault dez anos antes. Rivière, assim como Roussel, utiliza a linguagem para implodir as categorias que lhe deveriam ser aplicadas, ele bloqueia os mecanismos de identificação, virando do avesso como uma luva os dispositivos que normalmente têm por vocação objetivar os delitos, e assim recusa ser somente um objeto do discurso e das práticas dos outros. Rivière, escrevendo seu memorial, volta a ser o sujeito de sua própria história, de sua própria vida. Desde então, Foucault sobrepõe, a respeito de Pierre Rivière, três níveis de análise: uma ressurgência do fascínio aos olhos desse "esoterismo estrutural" – dessa "máquina de guerra" contra os saberes objetivadores e as linguagens constituídas – que, outrora, ele detectou em Roussel, Nerval ou Brisset, que ele acredita exatamente encontrar nas páginas do memorial de Rivière; uma instância na dimensão acontecimental da investigação histórica propriamente dita, verdadeira miniaula de micro-história que prefigura em muitos aspectos o trabalho sobre "a vida dos homens infames", em 1977 e depois, o livro em coautoria com Arlette Farge, em 1983; enfim, a intuição de que um caso como o de Rivière é exatamente um *acontecimento*, e que esse acontecimento não é só um fato, mas também aquilo que rompe a continuidade do presente, isto é, o que introduz descontinuidade, por meio do qual a diferença – histórica, política, epistemológica – com o hoje pode assim ocorrer. Esse terceiro ponto é, provavelmente, o mais surpreendente: "o acontecimento está liberto: ele talha como uma lâmina, abala, frusta ou inverte qualquer espécie de instituição",[2] o que significa que ele já está, para Foucault, carregado de uma função de resistência diante do poder. Pierre Rivière se torna, portanto, a figura a partir da qual poderá, nos anos seguintes, se desdobrar uma tripla direção de pesquisa: uma análise dos dispositivos de poder-saber, uma atenção extrema à história acontecimental e uma investigação sobre os modos de resistência e de subjetivação.

---

1   FOUCAULT, Michel. *Eu, Pierre Rivière, que degolei minha mãe, minha irmã e meu irmão*. Tradução de Denize Lezan de Almeida. Rio de Janeiro: Edições Graal, 1977, p. XIV.
2   Ibidem.

Raymond Roussel

Em 1963, Foucault dedica um livro a Raymond Roussel;[1] posteriormente, durante a década de 1960, ele não deixou de voltar ao livro, até fazer da literatura rousseliana uma espécie de modelo interpretativo geral dos literatos pelos quais ele se interessa à mesma época e, de um modo mais amplo, das figuras linguísticas e literárias que estabelecem aquilo que ele identifica como um dispositivo de resistência à ordem do discurso. O que fascina Foucault em Roussel se deve a duas coisas: por um lado, enquanto Roussel parece se mover no interior da economia da linguagem, respeitando perfeitamente os códigos, isto é, escrevendo narrativas absolutamente legíveis, no entanto, ele consegue implodir do interior as regras que sustentam a arquitetura do sentido; por outro lado, Roussel experimenta uma literatura que representa a materialidade do signo – isto é, os aspectos homofônicos da língua, as variações fonéticas a partir de um único vocábulo, as associações livres de uma palavra com outra, a introdução do aleatório na cadeia linguística e na trama de toda a narrativa – contra o que Foucault chamará precisamente de "a hegemonia do sentido". No cruzamento desses dois eixos, o livro de Roussel *Como escrevi alguns de meus livros* lhe parece exemplar, na medida em que, se tem a intenção de revelar o sentido oculto de sua obra, seu segredo mais íntimo, ele não deixa, pelo contrário, de construir labirintos, de reduzir as possibilidades, de inserir enigmas e de fazer com que o segredo se perca ainda mais – pois o segredo é justamente que não há segredo. E se, apesar de tudo, o segredo existir,

---

1   FOUCAULT, Michel. *Raymond Roussel*. Tradução de Manoel Barros da Motta e Vera Lucia Avellar Ribeiro. Rio de Janeiro: Forense Universitária, 1999.

é da parte da própria linguagem, e não daquele que escreve, de sua intimidade, de sua interioridade.

> "Daí uma estrutura digna de observação: no momento em que as palavras dão acesso às coisas que dizem, sem equívocos nem remanescência, elas também têm uma passagem invisível e multiforme sobre outras palavras que elas ligam ou dissociam, levam e destroem segundo inesgotáveis combinações. Há aí, simétrico, no limiar do sentido, um ponto secreto, curiosamente aberto e intransponível, intransponível por ser justamente uma abertura imensa, como se a chave impedisse a passagem da porta que ela abre, como se o gesto criador desse espaço fluido, incerto, fosse o mesmo de uma imobilização definitiva; como se, chegando a essa porta interna pela qual ele se comunica com a vertigem de todas as suas possibilidades, a linguagem parasse num gesto que em conjunto abre e fecha".[2]

Aliás, só podemos ficar impressionados com a maior parte das figuras "literárias" pelas quais Foucault se interessa na década de 1960, e, que, na verdade, deixam à vista um mesmo esquema – em proporções diferentes, certamente, o que não apaga em nada a similitude: uma parte de experiência linguística relacionada à desconstrução dos códigos de produção do sentido, uma parte de "loucura não objetivada" (em geral, trata-se de experiências ligadas à esquizofrenia), e uma parte de criatividade literária deslocada no campo do limite. É, com certeza, o caso de Roussel; é também o caso de Nerval, de Hölderlin e de Artaud, de Brisset e Wolfson – como se fosse o caso de dizer que, além da divisão sem exterior que descreve a *História da loucura* e da estrutura totalizadora, organizadora e hierarquizada da *epistema* moderna, existem labirintos de palavras onde se perder, e Minotauros literários para habitá-los, para nos causar medo e queimar aí – por vezes – sua própria existência. Esse fascínio pela loucura "literária", que se reencontra à mesma época em Deleuze e Guattari sob a forma de uma espécie de romantismo da linguagem psicótica, desaparece totalmente em Foucault desde que ele se interessou, de um modo mais amplo, pelas relações de poder e deixou de considerar a linguagem como o único campo de resistência aos dispositivos

---

2   Dizer e Ver em Raymond Roussel. In: *Ditos e escritos: estética – literatura e pintura, música e cinema.* Rio de Janeiro: Forense Universitária, 2003, v. III, p. 1.

de saber. No fim de sua vida, Foucault, examinando novamente seu trabalho, comentará (comenta):

"Minha relação com meu livro sobre Roussel e com Roussel é sinceramente algo de muito pessoal que me deixou muito boas lembranças. É um livro à parte em minha obra. E eu estou contente de nunca ninguém ter tentado explicar que se eu havia escrito o livro sobre Roussel é porque eu havia escrito o livro sobre a loucura, e que eu ia escrever o livro sobre a história da sexualidade. Nunca deram atenção a esse livro e eu estou contente por isso. É meu refúgio, uma história de amor que durou alguns verões".[3]

---

3   Arqueologia de uma Paixão. In: *Ditos e escritos: estética – literatura e pintura, música e cinema*. Rio de Janeiro: Forense Universitária, 2003, v. III, p. 400.

Jean-Paul Sartre

As relações de Foucault com Sartre foram bastante complexas. De um ponto de vista filosófico, Sartre representa tudo aquilo contra o que Foucault procura construir seu próprio pensamento:

"Numa filosofia como a de Sartre, o sujeito dá sentido ao mundo. [...] O sujeito atribui os significados. A questão era: pode-se dizer que o sujeito seja a única forma de existência possível? Não pode haver experiências ao longo das quais o sujeito não seja mais dado, em suas relações constitutivas, naquilo que ele possui de idêntico consigo mesmo? Não haveria, portanto, experiências nas quais o sujeito pudesse se dissociar, cortar a relação consigo mesmo, perder sua identidade?".[1]

O primeiro ponto de ruptura entre os dois filósofos se apresenta, portanto, na questão do sujeito, já que o pensamento de Sartre representa, certamente, para Foucault não só a retomada da figura fenomenológica desse pensamento, mas também sua ulterior psicologização sob a forma de uma instância, por vezes muito literária, na consciência humana. O segundo ponto diz respeito a uma relação com a história que é, entre um e outro, totalmente diferente. Em Sartre, a história é basicamente lida como um processo dialético que permite tanto ao espírito objetivo se realizar quanto às mentes infelizes afirmar sua liberdade. O que garante a liberdade dos homens e o porvir-objetivo do espírito é, então, muito marxianamente, a luta das classes. Essa luta é vista como um antagonismo frontal entre os opressores e os oprimidos; a tarefa do intelectual sendo exatamente

---

1 Entrevista de Michel Foucault para Duccio Trombadori, Paris, fim de 1978, op. cit., nota 219.

ajudar os oprimidos para que se conscientizem de seu assujeitamento, para que estabeleçam nessa conscientização a afirmação de sua liberdade, e para que transformem a objetivação dessa liberdade inerente ao homem num motor conflituoso. O engajamento do intelectual consiste, por conseguinte, em firmar sua ação em sua própria liberdade e em se substituir quando for necessário aos oprimidos para lhes dar voz, para fazê-los chegar a um nível de consciência que eles não possuem necessariamente e para guiá-los no caminho da liberdade. Função arriscada, certamente, mas que retoma, na verdade, tanto as características dos grandes homens à maneira de Hegel quanto as características das vanguardas políticas dos movimentos revolucionários, no fim do século XIX e no início do século XX.

Ora, em Foucault, todos esses elementos são sistematicamente invertidos, desconstruídos e reformulados de uma maneira diametralmente oposta. A crítica da dialética aqui é, com efeito, radical, e a história é lida, ao contrário, como uma série de descontinuidades, de rupturas e de deslocamentos que, se é o produto de determinismos "locais" ligados a um momento e a um local precisos, deixa assim mesmo lugar para a criatividade e para o poder de inauguração dos homens. Esse poder de invenção, que testemunha da liberdade dos homens até nas estruturas do poder, está basicamente ligada à capacidade de um indivíduo ou de um grupo de se reapropriar daquilo que ele é, o que ocorre através de um processo de subjetivação, de produção de si. Por fim, os intelectuais não têm mais por tarefa serem "transmissores" de consciência, isto é, ajudar os homens a alcançar o espírito objetivo, mas, pelo contrário, aqueles que, por estarem presos a uma determinada economia dos saberes e dos poderes, procuram fazer-lhes o levantamento cartográfico, procuram indicar seus possíveis pontos fracos, suas fragilidades, suas zonas cegas. Não são assim intelectuais universais que falam em nome de verdades absolutas, mas sábios que agem em nome de saberes situados e que laboram, ao mesmo tempo que outros homens, a fim de reafirmar em todas as partes onde for possível a historicidade dos jogos de verdade e a possibilidade de se desligar deles. Ainda que a distância entre Sartre e Foucault seja imensa – o primeiro representando a consciência vígil do intelectual anterior a 1968, o segundo sendo, pelo contrário, o protótipo desses "sábios-militantes" que, após 1968, escolheram participar das lutas em todas as partes onde foi possível denunciar a materialidade dos efeitos de poder –, tanto um quanto o outro se reencontrarão finalmente lado a lado na experiência do GIP, no início da década de 1970: como se esse encontro consistisse numa espécie de passagem de testemunho entre uma antiga concepção do engajamento e uma nova definição – ao mesmo tempo filosófica e política – dos processos de subjetivação e das práticas – singulares ou coletivas – de resistência.

Bibliografia

I. Obras de Michel Foucault

A) *Livros publicados durante a vida do autor*

Maladie mentale et personnalité. Paris: PUF, 1954; reedição modificada: *Maladie mentale et psychologie*. Paris: PUF, 1962.

Doença mental e psicologia. Tradução de Helder Viçoso. Rio de Janeiro: Tempo Brasileiro, 2008.

Folie et déraison. Histoire de la folie à l'âge classique. Paris: Plon, 1961; reedição modificada (novo prefácio e dois apêndices): *Histoire de la folie à l'âge classique*. Paris: Gallimard, 1972.

História da Loucura na Idade Clássica. Tradução de José Teixeira Coelho Netto. São Paulo: Perspectiva, 1978.

Naissance de la clinique. Une archéologie du regard médical. Paris: PUF, 1963 (reedição levemente modificada em 1972).

O Nascimento da Clínica. Tradução de Roberto Machado. Rio de Janeiro: Forense Universitária, 1998.

Raymond Roussel. Paris: Gallimard, 1963.

Raymond Roussel. Tradução de Manuel Barros da Motta e Vera Lucia Avellar Ribeiro. Rio de Janeiro: Forense Universitária, 1999.

Les mots et les choses. Une archéologie des sciences humaines. Paris: Gallimard, 1966.

As palavras e as coisas: uma arqueologia das ciências humanas. Tradução de Salma Tannus Muchail. São Paulo: Martins Fontes, 2000.

L'archéologie du savoir. Paris: Gallimard, 1969.

A arqueologia do saber. Tradução de Luiz Felipe Baeta Neves. Rio de Janeiro: Forense Universitária, 2008.

L'ordre du discours. Paris: Gallimard, 1971.

A ordem do discurso. Tradução de Laura Fraga de Almeida Sampaio. São Paulo: Loyola, 1996.

192 Dicionário Foucault | Judith Revel

Moi, Pierre Rivière, ayant égorgé ma sœur, ma mère et mon frère. Un cas de parricide au XIXe siècle. (Obra coletiva). Paris: Gallimard-Julliard, 1973.

Eu, Pierre Rivière, que degolei minha mãe, minha irmã e meu irmão. Tradução de Denize Lezan de Almeida. Rio de Janeiro: Edições Graal, 1977.

Surveiller et punir. Naissance de la prison. Paris: Gallimard, 1975.

Vigiar e punir. Tradução de Lígia M. Pondé Vassalo. Petrópolis: Vozes, 1987.

Histoire de la sexualité, tome I: la volonté de savoir. Paris: Gallimard, 1976.

História da sexualidade, vol. 1 – a vontade de saber. Tradução de Maria Thereza da Costa Albuquerque e J. A. Guilhon Albuquerque. Rio de Janeiro: Graal, 1999.

Le désordre des familles. Lettres de cachet des archives de la Bastille. Paris: Gallimard-Julliard, 1983. (Coautoria com Arlette Farge.)

Histoire de la sexualité, tome II: L'usage des plaisirs. Paris: Gallimard, 1984.

História da sexualidade, vol. 2 – o uso dos prazeres. Tradução de Maria Thereza da Costa Albuquerque e J. A. Guilhon Albuquerque. Rio de Janeiro: Graal, 1999.

Histoire de la sexualité, tome III: le souci de soi. Paris: Gallimard, 1984.

História da sexualidade, vol. 3 – o cuidado de si. Tradução de Maria Thereza da Costa Albuquerque e J. A. Guilhon Albuquerque. Rio de Janeiro: Graal, 1999.

B) Publicações Póstumas

Résumé des cours au Collège de France. Paris: Julliard, 1989.

Resumo dos Cursos do Collège de France (1970-1982). Tradução de Andréa Daher. Rio de Janeiro: Jorge Zahar, 1997.

Qu'est-ce que la critique? Critique et Aufklärung. In: *Bulletin de la Société Française de Philosophie,* 84º ano, nº 2, abril-junho de 1990. (Comunicado à Sociedade Francesa de Filosofia, sessão de 27 de maio de 1978.)

Dits et écrits. Paris: Gallimard, 1994, 4 volumes. (Edição organizada por François Ewald e Daniel Defert, com a colaboração de Jacques Lagrange.)

(Edição brasileira organizada por Manuel Barros da Motta, em 6 volumes.)

Ditos e escritos: problematização do sujeito – psicologia, psiquiatria e psicanálise. Tradução de Vera Lucia Avellar Ribeiro. Rio de Janeiro: Forense Universitária, 2002, vol. I.

Ditos e escritos: arqueologia das ciências e história dos sistemas de pensamento. Tradução de Elisa Monteiro. Rio de Janeiro: Forense Universitária, 2004, vol. II.

Ditos e escritos: estética – literatura e pintura, música e cinema. Tradução de Inês Autran Dourado Barbosa. Rio de Janeiro: Forense Universitária, 2003, vol. III.

Ditos e escritos: estratégia poder-saber. Tradução de Vera Lucia Avellar Ribeiro. Rio de Janeiro: Forense Universitária, 2003, vol. IV.

Ditos e escritos: ética, sexualidade, política. Tradução de Elisa Monteiro e Inês Autran Dourado Barbosa. Rio de Janeiro: Forense Universitária, 2004, vol. V.

Ditos e escritos: repensar a política. Tradução de Ana Lúcia Paranhos Pessoa. Rio de Janeiro: Forense Universitária, 2004, vol. VI.

Bibliografia **193**

Il faut défendre la société. Curso no Collège de France, 1975-1976. Paris: Gallimard-Seuil-EHESS, 1997.

Em Defesa da Sociedade. Tradução de Maria Ermantina Galvão. São Paulo: Martins Fontes, 2000.

Les anormaux. Curso no Collège de France, 1974-1975. Paris: Gallimard-Seuil-EHESS, 1999.

Os Anormais. Tradução de Eduardo Brandão. São Paulo: Martins Fontes, 2002.

L'herméneutique du sujet. Curso no Collège de France, 1981-1982. Paris: Gallimard-Seuil-EHESS, 2001.

Hermenêutica do Sujeito. Tradução de Márcio Alves da Fonseca e Salma Tannus Muchail. São Paulo: Martins Fontes, 2004.

Sécurité, territoire, population. Curso no Collège de France, 1977-1978. Paris: Gallimard-Seuil-EHESS, 2004.

Segurança, Território e População. In: *Resumo dos Cursos do Collège de France (1970-1982)*. Tradução de Andréa Daher. Rio de Janeiro: Jorge Zahar, 1997.

Naissance de la biopolitique. Curso no Collège de France, 1978-1979. Paris: Gallimard-Seuil-EHESS, 2004.

Nascimento da Biopolítica. In: *Resumo dos Cursos do Collège de France (1970-1982)*. Tradução de Andréa Daher. Rio de Janeiro: Jorge Zahar, 1997.

La peinture de Manet. Paris: Seuil, coleção "Traces écrites", 2004.

C) *Texto não publicado integralmente*

L'anthropologie de Kant (tese complementar em 2 volumes: tomo 1, *Introduction*; tomo 2, *Traduction et notes*), 1961. Apenas o tomo 2 foi publicado (E. Kant, *Anthropologie du point de vue pragmatique*. Paris: Vrin, 1964). O conjunto da tese pode ser consultado em Paris, na biblioteca da Sorbonne.

II. Obras, artigos e números de revistas dedicados a Michel Foucault, acessíveis em língua francesa

ARTHIÈRES, Ph. (Org.): *Michel Foucault, la littérature et les arts. Actes du colloque de Cerisy*. Junho de 2001. Paris: Kimé, 2004.

ARTHIÈRES, Ph.; DA SILVA, E. (Org.): *Michel Foucault et la médecine. Lectures et usages*. Paris: Kimé, 2001.

ARTHIÈRES, Ph.; QUÉRO, L.; ZACARINI-FOURNEL, Michelle (editores): *Le groupe d'informations sur les prisions. Archives d'une lutte, 1970-1972*. Paris: Éditions de l'IMEC, 2003.

BLANCHOT, M.: *Michel Foucault tel que je l'imagine*. Paris: Fata Morgana, 1986.

BLANCHOT, Maurice: *Foucault como o Imagino*. Tradução de Miguel Serras Pereira e Ana Luísa Faria. Lisboa: Relógio D'Água, 1997.

DE CERTEAU, M.: Le rire de Michel Foucault. In: *Histoire et psychanalyse entre science et fiction*. Paris: Gallimard, 1987.

Michel Foucault: du monde entier. In: *Critique*, nº 471-472, agosto-setembro de 1986.

Leçons de Foucault. In: *Critique*, nº 660, maio de 2002.

Le cas Pierre Rivière: pour une relecture. In: *Débat*. Paris: Gallimard, setembro-outubro de 1991.

DELEUZE, G.: *Foucault*. Paris: Éditions de Minuit, 1986.DELEUZE, Gilles: *Foucault*. Coleção Biblioteca Básica de Filosofia. São Paulo: Edições 70, 2005.

DELEUZE, G.: *Pourparlers*. Paris: Éditions de Minuit, 1990.

DREYFUS, H.; RABINOW, P.: *Michel Foucault. Un parcours philosophique*. Paris: Gallimard, 1984.

ERIBON, D.: *Michel Foucault*. Paris: Flammarion, 1989.

FRANCHE, D.; PROKHORIS, S.; ROUSSEL, Y. (editores): *Au risque de Foucault*. Paris: Éditions du Centre Pompidou, 1997.

GIARD, L. (org.): *Michel Foucault. Lire l'œuvre*. Grenoble: Éditions Jérôme Million, 1992.

GROS, F.: *Michel Foucault*. Col. Que sais-je. Paris: PUF, 1996.

GROS, F. (Org.): Foucault. *Le courage de la vérité*. Col. Débats philosophiques. Paris: PUF, 2002.

GROS, F.; LÉVY, C. (editores): *Foucault et la philosophie antique*. Paris: Kimé, 2003.

HAN, B.: *L'ontologie manquée de Michel Foucault: entre l'histoire et le transcendantal*. Grenoble: Éditions Jérôme Million, 1998.

LEBLANC, G.; TERREL, J. (editores). *Foucault au Collège de France. Un itinéraire*. Bordeaux: Presses Universitaires de Bordeaux, 2003.

LEGRAND, S.: *Les normes chez Foucault*. Paris: PUF, 2007.

Michel Foucault en revues. In: *La revue des revues*, nº 30, 2001.

Foucault. Usages et actualités. In: *La Politique, Philosophie et sciences humaines*, nº 13-14, 1º e 2º semestres de 2004.

Michel Foucault, une éthique de la vérité. In: *Magazine Littéraire*, nº 435, outubro de 2004.

Michel Foucault philosophe. Encontro Internacional (Paris, 9, 10, 11 de janeiro de 1988). Col. Des Travaux. Paris: Éditions du Seuil. 1989.

MONOD, J. CL.: *Foucault. La police des conduites*. Col. Le bien commun. Paris: Michalon, 1997.

Penser la folie. Essais sur Michel Foucault. Col. Débats. Paris: Éditions Galilée, 1992.

PERROT, M. (Org.): *L'impossible prison. Recherches sur le système pénitentiaire au XIXe siècle*. (debate entre Michel Foucault e M. Agulhon, N. Castan, C. Duprat, F. Ewald, A. Farge, A. Fontana, C. Ginzburg, R. Gossez, J. Léonard, P. Pasquino, M. Perrot, J. Revel). Paris: Seuil, 1980.

POTTE-BONNEVILLE, M.: *Michel Foucault, l'inquiétude de l'histoire*. Paris: PUF, 2004.

RAJCHMANN, J.: *Michel Foucault. La liberté de savoir*. Paris: PUF, 1987.

REVEL, J.: Foucault et la littérature: histoire d'une disparition. In: *Le Débat*, nº 79. Paris: Gallimard, 1994.

REVEL, J.: Foucault lecteur de Deleuze: de l'écart à la différence. In: *Critique*, nº 591-592, número especial do cinquentenário, 1996.

REVEL, J.: *Michel Foucault. Expériences de la pensée*. Paris: Bordas, 2005.

SENELLART, M.: Michel Foucault: gouvernementalité et raison d'État. In: *La pensée politique*, nº 1. Paris: Gallimard/Seuil, 1993.

Michel Foucault, 1984-2004. In: *Vacarme*, nº 29, Paris, outono de 2004.

VEYNE, P.: Foucault révolutionne l'histoire. In: *Comment on écrit l'histoire*. Paris: Seuil, 1971.

ZANCARINI, J. CL. (Org.): *Lectures de Michel Foucault*. Lion: ENS Éditions, 2000.